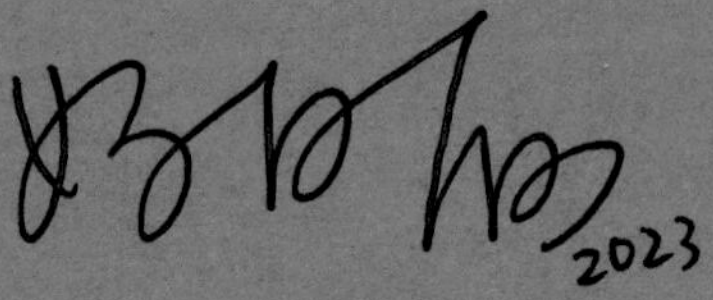
2023

The Life Companion
And Guide

一本擁抱
你的生活陪伴指南
為你分憂解勞、
提供方向，
走過那些
愛與被愛的時光。

我沒辦法選擇
是喜歡你的優點
不喜歡你的缺點
根本沒有辦法選擇
喜不喜歡你

一個人必須有勇氣暫時停頓下來
細細咀嚼空虛和沮喪

為平凡又瑣碎的日子，
找尋一點不將就的熱情和詩意
生活中只要有任何的一點有趣，
就足以引領你繼續前進。

實現生命中美好事物的最強工具
是你偉大的信念；
然，還得加上你腳踏實地的努力。

愛一個人
你寧可自己淋了
也要為他撐傘

既然現實是我們改變不了的
那我們不如改變一下看待現實的態度
總抱怨生活不完美的人
永遠也看不到生活之美

做不喜歡的事情也可能失敗
那不如冒險做自己喜歡的事吧

人生是不存在快轉鍵的
跑得太快只會讓你錯失更多畫
那些過程才是讓你長大的養分，
慢慢吸收、穩穩成長吧！

幸運不會自己找上門
必須自己創造環境
才能創造幸運

值得記住的是
帶來最持久變化的
往往是小步驟
而不是巨大的飛躍

人生每件事
都是取捨的練習
你不能什麼都要
也不能什麼都不要

你決定要獲得成功，
你要這種人生，
那這些選擇就都是必要的

覺得音樂就像是一種情緒的特效藥。
白天你需要快樂的時候，
它可以帶給你快樂，
晚上你需要休息的時候，
它可以帶給你舒服放鬆的情緒。

事情在完成之前
看起來總像是不可能

宜日日好日

一本擁抱你的生活陪伴指南

The Life Companion And Guide

好日曆

陪伴你長成
更好的大人

Today
Is
Gonna Be
A Good Day

好日曆——著

目錄

01

02

人生的成長痛

03

愛情的之所以

04

最重要的小事 **182**

今天會是很棒的一天

序

一到十分，你覺得你的人生，有幾分幸運呢？

直到今天，即使手上已經拿著沉甸甸的樣書了，都還覺得這一切有些飄飄然地不真實。
我想，這本書能夠在真實世界中付梓，絕對是由很多得來不易的幸運所累積出的奇蹟。

二〇二〇年十一月二日，因為心血來潮而開始了每日的創作，誰知道最初只花不到一小時想名字、註冊帳號、寫字、做圖、發布的微小存在，竟然就在魔幻般不可思議的三年裡，慢慢成長為一個五十萬人的社群。

在寫作初期，幸運地因為身旁朋友的真心喜愛，於是得以開始被傳散；在短影片盛行、三秒就足以決定要不要看下去的速食世代，幸運地擁有這麼多雙眼睛，願意每天早上分給好日曆三分鐘寶貴的人生，在小小的手機螢幕上讀完千字的長長文章；在好幾次差點想放棄的一刻，幸運地獲得來自四面八方的感人鼓舞；幸運地曾經擁有一些故事、幸運地沒有被零星的惡意擊倒、幸運地有最溫暖的讀者們無條件支持。

少了任何一星半點的幸運，好日曆肯定不會擁有現在的篇章吧？

我希望這本精心打造的小書，能像一本生活救急的百科全書，在你難過的時候替你分攤憂傷、在你開心時放大你的快樂、在遇見挑戰時，提供一些克服難關的方向、在感覺日子無聊時，帶來一些未曾想過的新意，然後陪你走過愛著的、被愛著的與不被愛著的那些雲霄飛車般的時日。

在這本百科全書裡，五十二篇文字分成了四大類。

首先，我希望一直以來都很努力過生活的你，可以給自己一個大大的擁抱。你是不是總關心著好多身外的人事物，卻唯獨忘了好好關心自己？要能真正活著、真正感受這個世界，你需要從愛自己開始。你有多了解自己？是否能夠覺察自己的情緒？懂得照顧承受了很大生活壓力的自己嗎？如果今天遇到了一些辛苦的事情讓心情很糟糕，你知道該怎麼帶著自己，從陰暗幽谷中快快走出去嗎？再說，如果你不了解自己現在究竟身在何處，接下來，又該何去何從？

其次，我想叨唸一些自己覺得「要是十年前就有人跟我說，而且我也有聽進去就好了」的人生指引。有些時候，人生的卡關感受，只是來自不知道還可以怎麼做。可是當你有一個機會，用旁觀的立場，聽了別人的故事，再對照自己的處境，或許一下子就會豁然開朗了。而且，生活中有價值的事情，往往沒辦法憑感覺就能獲得，你需要有想法、有方法，最重要的是還得付出行動，不論是前進、後退或者繞路改變，你才有可能真正縮短與更好版本的自己之間的距離。

接著，我想和你分享為我的人生帶來巨幅變化的愛情。將愛稱為人類存在的意義，或許是種並不為過的隆重吧？藉著與另一個重要他人的互動，靈魂深處想要被理解的原始本能、滿足與他人建立羈絆的願望，並且發掘出自己或許想都不曾想過，那些好的、壞的、更完整的所有臉孔。活著至今，你曾經感受過那樣無邊無際的愛嗎？你懂得如何付出行動愛另外一個人嗎？你希望自己如何被愛呢？如果來到現實生活中，可以怎麼判別愛，又可以怎麼遠離偽裝成愛的非愛呢？

最後，想跟你聊聊那些日常裡，平凡卻好重要的小事們。生命是一趟轟隆前進的單程車，不能重來，也不會回頭。在一步步老去的道路上，把日子過得精采，該是自己的責任和功課。你是否能做些什麼事情，把撕掉日曆的一天天生活，過得比本來更加有趣一些？是不是能為苦悶的日復一日，增添一些趣味，重新找到每天睜開眼睛之前，讓你迫不及待想要從床上彈起來，享受嶄新一天的動力呢？

•　•　•

好日曆的信箱裡，曾經躺著一封令人感到心碎卻又欣慰的訊息。有一位讀者說，因為那一陣子生活中遇到了好多好多的痛苦，痛苦到她覺得真的沒辦法再撐下去了。於是，前一天晚上試圖結束自己的生命，但沒有成功。流著無聲的淚，半夢半醒地熬到了天亮，然後好像命中註定似的，看到了那天的日曆。她說，讀完後，她大哭了一場，覺得好像在好日曆的文字中，找到了多一點點的希望，於是想要再給自己一次機會，在這個永遠充滿無數難題的人世，繼續努力試著走下去。

還沒讀完這封信，就已經忍不住濕了眼眶。心碎於這位素未謀面的讀者，需要獨自面對這麼難熬的一段日子；也欣慰於自己傻呼呼的堅持，竟然能夠幫助到一個未曾碰面卻恰好需要鼓勵的受難靈魂。或許就是這些一點點、一點點疊加起來的感動，累積成了我一直繼續創作下去的力量。

我希望這是一本不只帶給你慰藉，還能夠解決實際問題的書。能夠幸運地常駐在你的書桌上，偶爾被拿起來回答生活中的煩惱，或者更棒的是，成為總是能讀一讀，心情就豁然開朗的生命解答，那麼這本書存在的意義，就不只是好日曆完成了一個聽起來很酷的出書夢想，而是你我的生命從此有關，這麼一份如分靈體般的美好連結。

• • •

還記得一開始的那個問題嗎？一到十分，你覺得你的人生，有幾分幸運？

我真心覺得我十分幸運，你呢？

給自己一個大擁抱

Give Yourself A Big Hug

宜日日好日

我們無法完全掌控情緒，
但可以學著與它和平共處。
照顧好自己，是好好生活的第一步。

宜心想事成

Everything you wish
will come true.

你想要成為一個什麼樣的人，
首先就必須相信自己會成為那樣的人。

在真實世界裡，心想事成是會發生的。心理學中有個「自我實現預言」效應，並不是說誠心祈禱全宇宙就會來幫你這麼簡單好用。當你對自己有了期許的目標，相信自己在未來會變得更好，這樣的所思所想，會誘發你追逐目標的行動，進而使你心中的畫面逐漸成真。

比如說你真心相信自己能夠成為一個健康的人，你認真思考了「健康生活」是由什麼要素組成，然後開始注意作息、均衡飲食、規律運動，最終塑造出理想的健康身體；又或者是你相信自己會變成有錢人，於是認真工作之外也努力進修，開源節流、累積資本，然後追求合理的投資風險，並且有紀律地管理，如果眼光精準又或是搭上了好的環境局勢，財富很自然地會快速累積。所以不管是想出國念書、想要有好人緣、想在工作上有所突破、想變成厲害的人……在人生的其他面向，也都可以如此運作。

反過來說，負面的自我實現預言，則是非常恐怖的。

一九七五年美國賓州大學心理系做過一個動物實驗。實驗者將一隻狗關在籠子中，每當提示音響起，就會對牠進行短暫但具痛感的電擊。幾次重複後，實驗者發現只要提示音響起，不需要施加電擊，甚至把籠子的門都大大地打開了，狗兒卻依然會在電擊產生前，就先往地上倒去，甚至發出如同真實遭受電擊的痛苦哀嚎。牠本可以主動逃開，卻因為過去的心理傷害而無所作為，堅信自己的無能為力，甚至被動地等待災難降臨。

藉由這個有點殘忍的實驗結果，心理學家提出了「習得性無助」理論：當動物透過學習經驗，認為自己的行為無法改變結果時，會開始放棄掙扎，變得被動、消極，甚至主動使自己失敗。

身為智人的我們自詡為萬物之靈，但本質上不也和實驗室動物們有著相似的表現嗎？「我就爛」「我就是能力不足」「我就是只能做到這樣」等這些話，是不是曾在你的腦中迴盪呢？

當你相信自己的負面特質無法改變，或者已經觸碰到改善的限制，自然就不會有更強的動力去突破自我了，甚至在面臨選擇的情境下，用消極的藉口來合理化自己的擺爛。比如說和情人吵架了，明明有機會，也有能力先軟化，率先當撲滅戰火的那個人，卻覺得反正自己就是情緒化、本性如此，於是放任對方的怒火繼續延燒，甚至還酸言酸語、火上添油一番；又或者是在職場上，不斷說服自己能晉升的職位就是這麼少，資源和機會都不可能屬於自己，於是選擇把事情做到得過且過就好，甚至直接躺平。

已經畫地自限了，就不會想改變。不改變就不會有改善，於是糟糕的結果會再次發生，然後再一次地驗證自己的無能為力。這麼一個甩不開的負面循環，其實都是為自己親自上一道緊箍咒。

有些事情是在你相信之後才有可能看見。找一句喜歡的座右銘也好，每天早上對自己來兩句精神喊話也行，要先相信自己可以，可以變得更好、可以打破現狀、可以成為不一樣的人、可以成為一個永遠往前多邁一步、兩步、三步、四步的人。

當然，光有改變的念頭是沒有用的，最終你與理想的距離取決於你的行動力與堅持。給自己一點時間成長和適應，會在相信之中慢慢開始看見成果，有了成果，信念就會更加堅定，一步一步地實現正向的自我預言。

要活成什麼樣子是自己的選擇，你用什麼樣的方式對待世界，世界就會用什麼樣的結局回報你。所以，好好選擇想要的人生態度，心想事成可是真實存在的呢！一起加油吧！

好生活練習——宇宙給你一個許願的機會，
你會如何展開行動去實現呢？

忌悲觀

Stop being pessimistic.

沒有人喜歡挫折，
但既然那是生命中難以躲避的日常，
那就乾脆打開心胸去享受吧！

你有過這樣的經驗嗎？

因為白天一件困擾的事情，在夜深人靜的床上，腦袋不停轉著。可能是生活中的不順、和伴侶吵架了，又或者是和上司不合。在心裡暗自羅列出所有不爽的原因後，卻發現越列心情越差，最後輾轉反側，失眠到凌晨五點。忿忿不平地覺得為什麼世界這麼不公平，所有壞事都發生在自己身上，所以決定要分手、離職、放棄……

• • •

嚴格來講，人從出生開始，每一秒鐘都邁向塵歸塵、土歸土的消亡。知曉了命運的必然後，有兩種最常見的人生態度：

第一種是悲觀地被動接受，因為終有一死，反正生不帶來，死不帶去，所以現在過著什麼樣的生活也沒有這麼重要。

第二種是樂觀地主動參與，因為終有一死，而短短的生命卻如此珍貴美好，所以應該盡可能地把每分每秒都活出精采。

你會選哪個呢？

我的話，永遠都會選樂觀的那條路。

● ● ●

試著把思考的規模，聚焦到日常中每一個實實在在的生活選擇。面對所有的大小事，你的心態都會決定你的行為和心情，進而累積形塑出你的人生。不管是職涯發展、感情經營、家人相處，還是面對低谷、解決衝突、達成夢想，在人生前進的過程裡，預設就是會有很多的碰撞和迂迴。即使清楚知道前進的座標，往往也沒有直達的捷徑。可是一旦你將這些既成的顛簸和繞遠路，視為害你不得不放慢速度的人生阻礙、讓你感到痛苦的萬惡之源，你的人生馬上就會被困住。

被負面情緒籠罩時，你會比平時更害怕失敗，連帶思維變得狹隘、行為趨於保守，畏首畏尾的也就更難勇敢面對挑戰。在這樣的心理狀態下，決策品質自然比較差，沒有好決策就不會有好結果，接著壞成績會進一步打擊信心，最後變成惡性循環。

所以在我看來，負面和消極，從來就沒有什麼幫助，既不能解決真實生活面臨的困難，也對改善心理狀態無用，甚至還會將願意幫助你的人拒於千里之外。

• • •

換個角度想，雖然我們都不喜歡挫折，但既然那是宇宙賜予的日常，要不要乾脆打開心胸、享受其中呢？每一個轉折、每一個起伏、每一個挑戰都不會因為轉念而減少，因為這就是必經的英雄之路。但在接受命運以後，至少可以開始用更平穩的心情來接納挑戰，用更理智的思考找出最適合的解決辦法。

好比說當你因為感冒而不舒服，這就是當下發生在你身上無可撼動的現實。面對病毒，我們能做的相當有限，你可以選擇消沉地抱怨倒楣、氣憤於討人厭的病魔打亂了你的行程；也能想想那些值得開心的片段，至少身邊還有愛你、關心你的人、有自由自在的想像力，還能大口呼吸、看書、追劇、叫外送，並且知道幾天後你就會百分之百痊癒。你甚至可以付出行動，加速改善情況：多喝水、多休息，讓免疫力提高，看醫生、拿個藥，減輕症狀人也比較舒服。

「事實」不會因為心情轉變就馬上變好，但是你可以從一個心情愉悅的起點開始付出行動，讓結果有更高的機會變好。

說的容易，但真的要做到還是很困難。不過好消息是，樂觀是可以練習的。

據心理學家研究，生理行為會影響心理。「Fake it till you make it.」，假裝到你真的變成想要的樣子，這件事情是真實存在的「積極心理學」。面對困難，即使再不情願，你都該試著練習保持微笑，慢慢地，你的心情也會逐漸明朗、輕鬆起來。

除了微笑以對外，試著把自己抽離情境，用第三人稱視角看著眼前一切。假如今天深陷其中的不是自己，你會提供什麼樣的建議？因為旁觀者清，往往這樣一想就可以很快找到解法了。想想我們的朋友群中，不就有超多提供愛情建議頭頭是道，自己的感情生活卻一場糊塗的說嘴大師嗎？

不管是什麼天大的難事，能夠被處理的都不是問題，至於那些不能處理的，你煩惱再多也沒用。與其半夜不睡覺而自怨自艾，把自己搞到隔天不能好好做事，還不如睡飽一點，把精神、氣力省下來，明天起床後好好認真解題。

更何況大家都喜歡和開朗的人相處，既能有效解決問題，又可以變得受歡迎，還有什麼好拒絕的呢？

快來一起加入悲觀無用論的行列吧！

好生活練習——

如果一週後就是世界末日了，倒數七天的人生，
你會怎麼度過呢？

宜向前看

Choose to
look forward.

擁有的時候就珍惜享受，
失去的時候就坦然放手。
從中經歷的一切悲喜，
都將成為你邁向更好自己的養分。

你有沒有過一種經驗：當你正處於非常高興的時期，因為一切實在太過美好，反而開始感到害怕，害怕過於幸福的日子，是否為虛假的錯覺；害怕好不容易才到手的，是否會像泡影般，在風中消失。結果，擁有的時候惶惶不安，失去的時候卻又後悔莫及，最終獨自在沮喪、自責的執著中，徘徊、痛苦、消耗。

生命的長河不可逆，我們身處的環境也充滿著不可控的變化。我們都曾擁有許多往日美好，在這些舊日時光中，也曾經擁有認為永遠不會分離的重要他人。

國小一起搭建祕密基地的死黨、青

春期一起玩樂團的熱血伙伴，又或是帶給你甜蜜，也帶給你苦澀的初戀情人。

春去秋來，隨著生命階段的轉換，他們大部分會漸漸離我們遠去。社群軟體上的好友越來越多，真的會見上一面的人卻越來越少。直到開始會看起類似〈日本人長壽的五個簡單祕訣〉這類型文章的年紀時，才意識到原來即使是我們習以為常的家人，總有一天也會離我們而去。

• • •

聽說人一輩子會認識將近八萬人，然而會在生命中留下紀錄的卻沒幾人，而能與我們的生命重疊，甚至陪伴一生的，更是鳳毛麟角。不可逆的時間強迫我們獨立，離別也總是令人傷感，不過對只能活在現在的自己來說，難過、沮喪、後悔都是沒有意義的。

面臨失去，難免會失望，但生命中的不可控和不完美，才是常態。

你一生遇見的所有人事物，其實都是帶著一種使命來到你身邊。或許最終還是走上不同的道路，但所有交會都會在生命中留下一些火花和碎片。沒有任何過往是徒勞白費的。

你所經歷的一切，都為你的生命增加了厚度，相遇是如此，失去也是這樣。正因為生命中的一切美好都有可能失去，所以我們才會記得要好好珍惜。或許健忘的人類也只能這樣，不時被宇宙殘酷地提醒吧？

往日時光過了就是過了，不論甜美或苦澀，都不會因歲月流逝而從心中消失，而是轉換為成長的養分。滋潤我們成為更好的人，替我們做好迎接更精采未來的準備。

用微笑面對往事吧！過去的美好值得慶祝卻不值得戀棧，過去的傷疤值得警惕但無須拿來懲罰自己。向前看，是為了更棒的將來，把時間和心力留給現在的自己，也記得時時提醒自己，在還擁有、還陪伴著的時候，好好珍惜身邊的人事物吧！

好生活練習——

曾有重要的人離開你的經驗嗎？
又是怎麼讓自己走出這個過程的呢？

忌武裝自己

Avoid arming yourself.

我們每個人都活在屬於自己的時區，
用自己的節奏，寫自己的故事，
就是生命最好的安排。

《為自己出征》這本小書，可以說是啟蒙我邁向自我成長的第一本讀物。我的印象非常深刻，那是國一的國文老師要求閱讀的課外讀物，嚴格說起來，是我人生中第一篇正式的讀書心得報告。

它的故事是這樣的：從前從前，有位武士為了保護自己，穿上他最心愛的盔甲後，就不願再脫下。日子久了，有一天卻發現再也脫不下來。為了能夠再次接觸妻兒的真實體溫，他踏上了真理之道，找尋卸下盔甲的方法。他穿越沉默之堡、走過知識之堡，最後進入智勇之堡打敗了疑懼之龍，最終在攀上了真理之巔後，才理解到：唯有放下過去所有已知，勇敢面對未知，才能卸下盔甲，體會愛人與被愛。

光是上面短短的大綱，就有滿滿的隱喻，對當時年輕的我來說無比新鮮，卻也似懂非懂。大概明白書裡好像講了很多精采的大道理，卻因人生閱歷尚淺，沒有太深刻的體悟。直到工作幾年後，偶然在書店的選書架上再次翻到它，才喚醒了塵封已久的閱讀記憶。

是啊，在社會化的過程中，我們究竟為自己加上多少層面具與盔甲呢？

•　•　•

人類是活在群體中的社會動物，會在意別人的眼光和評價，是再正常不過的一件事。但是他人對你的想法和評價，都只是不完整的片面判斷與價值傳輸，不該成為你的生活重心，更不該成為形塑你人生選擇的指標。那些話語和認定，都不是真實且完整的你。

陌生社交令內向的你感到不自在，但是卻必須打起精神，努力表現得親切與健談；只想過安穩幸福小日子的你，因為父母的期待，卻選擇進入科技業當輪班星人，燃燒生命換取沒時間花的高薪。你花了很多很多時間，把生命過成別人要你成為的樣子，卻從沒停下來想過自己到底喜歡什麼。不喜歡現在的自己、對周遭一切感到麻木，不知道如何付出情感，也不懂得接受別人的愛。渾渾噩噩地呼吸著，對自己越來越沒自信，也越來越不快樂。

有些時候，我們會太過在乎別人的眼光，甚至因此被別人的想法給綁架。心理學中有個「焦點效應」，意思是我們很容易高估旁人對自己的關注程度，就像是誤以為永遠都有一盞聚光燈打在自己頭上。

但其實大部分的時間，你長成什麼樣子、打扮得如何，或者是在日常生活中的行為舉止，別人根本不會注意到。就算看到了，往往過目即忘，根本不會留有什麼特別的想法。就算再糟糕一點，他們在背後默默對你品頭論足了一番，那又怎樣呢？那不是我們能夠控制的，也根本不該為此撼動你的人生。而且不管是誰，都不能為你的人生負責，再怎麼胡言亂語、提供建議，只不過是局外人的片面之詞。雖然這種膚淺的評語，往往是最令我們火大難受的誤解，但反正你也不需要跟他們有什麼生命交集，何必放心上呢？

• • •

努力追求真實的自己並不會怎麼樣。層層的社會枷鎖，其實都來自自己的想像，願意重視你、認同你、在乎你、愛你的人，會希望看見真正的你過得好好的，開心而自在。

理解並接納自己所有現狀，是一種內心的強大。當你的內心強大並且有足夠的信心支撐自己，就不需要透過別人的話語來定義自己的價值。再說了，每個人都有自己的主觀想法，你的完美，在別人眼中可能根本毫無意義，甚至你心目中的失敗，早已是他人眼中無可比擬的成功。

所以，從現在開始試著拿下面具吧！因為你會害怕被人看不起、害怕變得脆弱、害怕受傷害，所以脫下盔甲的過程，會覺得有點恐怖，但還是要誠實面對自己的內在，多點心思放在自身，理解自己的感受和情緒，照顧好自己的生活，也照顧好生活圈裡所重視的人事物。

選擇你想要的人生、活出你熱愛的價值，用力成為想成為的自己，你會得到更多的力量與自由去開創生命，不再為別人而活。

好生活練習——你知道在什麼樣場合中的自己最常戴上面具嗎？

宜找回心裡的光

Seek to rediscover
the light within.

或許現在的日子過得有點辛苦灰暗、
壓得你喘不過氣來，
但要相信自己，
相信心底的勇氣一直都在。

小時候的我，在不打不成器的年代曾遇過一位鋼琴老師，他打起學生是毫不手軟的。每週功課沒練好，被怒吼著罵只是家常便飯，手掌巴頭或是藤條打手背也不過是常見的加值套餐；偶爾真心動怒了，甚至會直接抓起你的手，往鋼琴鍵盤上狠狠壓砸下去。十指連心的痛可真不是蓋的，那份從指尖一路傳導進身體的痛澈心扉，配上嚇人的琴鍵那不和諧噪音，現在想起來都還是心有餘悸。

雖然很怕去上課，回家也不敢跟大人講，畢竟我爸是恨鐵不成鋼的斯巴達教育擁護者，要是敢抱怨老師，說不定會被誤以為是想偷懶，買一送一，再痛揍一頓似乎也不意外。漸漸地，在鋼琴老師家上課的那一個小時，成了我每週不間斷的固定惡夢，持續在那種怕犯錯的畏縮狀態下，練了好幾年琴，一直到國小畢業的升學前夕才終於脫離。

童年那些令人窒息的緊繃壓力，學鋼琴也只是真實例子之一而已。雖然已經長大擁有了自己的生活，可是那種怕被罵，所以需要把自己逼到極限的想法、深信只能靠不斷地努力以獲取成功，才有機會被他人認可的心魔，早已深深根植在心底，糾纏了我人生至今大半輩子。

後來我才慢慢理解到，原來生命的價值，從來就不該用帶來痛苦的努力做為衡量指標。我的那些害怕與不安，是因為在我內心深處真正最需要的，是對自己的認可，而不是依賴任何別人賞賜的勳章。過去的心魔可能會讓你依舊無法放過自己，想著要鞭策、往前衝、想著休息就是偷懶、想著自律才能帶來成功……殊不知，當你都不喜歡自己的時候，你的自律只會是沒有盡頭的自虐。

必須接受自己不可能完美的事實，尋求定義上「最好的」自己，將會是一輩子都不可能達成的任務。必須開始相信，一直逼自己努力往前跑的你，其實早已跑得非常遠；不需要別人的認可，早就已經是個很棒的人。

請開始接受自己足夠好，試著喜歡現在屬於自己獨一無二的生活模樣。認真工作，在事業中找到熱情與成就；全力去愛，在愛情裡尋找堅定而深遠的平靜；體驗人生，只因這世界本就如此美好有趣。請相信自己值得被愛，也請允許自己獲得多一點溫柔的空間。

也許你還看不見這樣的自己，那麼就和愛著你的人們聊聊吧！你會驚訝地發現，他們並不是因為你願意拚命熬夜工作賺錢，或總是一肩扛起了什麼才珍惜你，他們只希望可以陪伴你、看見你健康開心、做有成就感的事，甚至根本不在乎你給他什麼，反而只想無條件地照顧好你。

愛你的人，就只因為你是你，如此而已。

所以感覺沮喪、心煩的時候，請更相信自己一點。一切都會沒事的！因為你早就擁有面對問題的勇氣與力量。

找回心裡的光芒，勇敢地大步向前吧！

好生活練習——

最近一次，是出於什麼原因讓你想批評自己呢？
你會用這樣的話語批判你在乎的人嗎？

忌迷失

Don't get lost.

海裡的魚，是不需和樹上的猴子比爬樹的。
跟自己比，不必太著急，
自己的存在價值與幸福，該由自己定義。

過去有段時間，我曾深深陷入了自我懷疑的低潮。花了很多時間掙扎，好不容易才想通，讓腦袋和心情得以暫時恢復安定。很巧地，幾天後和一位年紀相仿的朋友聊天，想不到他竟然也遇到和我相同的自我焦慮，於是兩個人就抓著啤酒，坐在馬路旁分享一些近期的想法，互相吐槽說這是中年危機。

坦白說，講完也沒有什麼特別了不起的結論，就是吐吐苦水後，兩個人心情都各自舒坦了些。而這一切最核心的根本問題，是我們都還搞不懂自己究竟想要什麼樣的人生。

說實在的，從小到大在學校受教育

了二十年，卻沒有一位老師教我們該如何找到人生目標。為自己的一生找到北極星，這該是多麼重大的任務啊！這道題目的難度，說得用一生回答都不過分，卻在我們人格養成最關鍵的階段完整缺席。於是沒有說明書，也沒有步驟，我們就這麼手無寸鐵地被拋入大人的世界。畢業時的鵬程萬里，經過翻譯後其實該是自求多福。

• • •

因為不知道該如何找到自己的定位，於是多數的我們，只好從各式各樣和別人的比較中找尋。

小時候被爸媽拿去和別人比，比誰拿的獎狀多、比有沒有獲選為模範生、比誰學會了更多項才藝、比考上哪間好學校；長大一點後，倒是親自將自己送上了鄙視鏈，比誰的學歷高、比誰更努力工作、比公司規模、比薪水多寡、比職稱大小、比誰家爸媽更有錢。

比得越多，自己沒有的、缺少的，就越被放大，焦慮感也油然而生；在永遠不會滿足的豔羨中，越活越迷惘。因為不明白自己想追求什麼、沒有貫徹人生的信念，所以看到別人耀眼的成就會想要模仿。

看到在外商工作，薪水高、福利好的，就想說是不是也該趁年輕拚一下，學他當個不斷跳槽的職場跳跳虎；看到自己開公司當老闆，時間自由、名片還印著「執行長」字樣好像很帥，就想是否該拋下一切，勇敢地追逐自己的創業夢；看到經過學士、碩士、博士、博士後，一路上去到助理教授的，又開始幻想待在學界作育英才，播下改變世界的種子，這樣聽起來似乎也挺偉大的。

偏偏「比較」是一道無限長的天梯，永遠沒有盡頭。

今天看到這個學一下，明天看到那個便再換個方向，搖擺不定導致難以累積就算了，還可能因為「吃碗裡，看碗外」的心態顧此失彼，連手邊的事情都做不好。更何況，適合別人的生活方式，也許一點都不適合自己，追尋那些不同成就背後所需要付出的時間和心力——你真的有做好心理準備好好面對嗎？

•

我們的不幸福，往往來自於我們想過得比別人幸福。

別人的生活與我們無關。每個人都有屬於自己的機運和不為人知的苦處，也會有自己成長的速率以及獨特的亮眼之處。他是山林裡的飛鳥，而你是大海中的魚，你們的戰場本就不在一處，沒有必要把自己活成別人的樣子。

在汲汲營營的追尋中，很容易一個不小心失去自我。鑽牛角尖在一些自己沒有的事物上，卻忽視了自身的優勢。與其向外尋求，不如試著多往內心探索，發掘專屬於自己獨一無二的價值，承認自己的不完美並與之和解。

如果現在的你正經歷這些，也不需要太苛責自己。善用自我覺察的能力，如果發現自己開始與他人比較，記得提醒自己停下來，然後好好地跟自己說一句：「你已經很棒了！」

相信自己的價值，用自信掃蕩自卑感的束縛，你所擁有的快樂和幸福，從來不會因為與別人的比較而有所增益或減損。走自己的路、和自己比，只要每天能比昨天的自己更好一點點，那就是屬於你最好的節奏。

好生活練習——你曾經羨慕過身邊的誰嗎？為什麼呢？
如果現在再想一次，那還是你想成為的模樣嗎？

宜向陽生長

Grow towards the sun.

在生命中所要遭遇的喜悅或悲苦，
隨機，卻也必然。
一帆風順，或許不是來自現實，
而是來自於我們的心境。
有些事，跨過了就好。

你有想過關於悲傷、難過等令人難受的情緒，為什麼要存在於生命當中嗎？

這些光唸出口都覺得壓力好大又討人厭的幾個詞，如果在演化時就從基因裡被淘汰掉該有多好？眼前只有幸福愉悅的人生，想必會是充滿歡笑喜樂的吧？不過，如果沒有痛苦當比較值，我們還感受得到快樂的存在嗎？會不會就像是做化學實驗一樣，沒有對照組而失去方向呢？

痛苦的情緒感受究竟是怎麼在演化中生存下來，或許已經不太重要了，反正現在活著的我們，就是得接受自己擁有這樣的情緒反應，也必須接受在漫長的人生裡，引發快樂與痛苦的各種事件都是躲不掉、逃不開的。於是，如何擺平痛苦與挫折，就成為一項不論你喜不喜歡，都得學習面對的課題。

幸運的是，地球上的人類所能煩惱的領域並不多。遠一點到國家、環境、世界大同、宇宙殖民，近一點的生活日常，則不外乎家庭、朋友、情人、工作和夢想。所以，說不定一生中所要面對的挑戰，其實早就被設定好了，挖好坑、蓋上布，等我們踩上去而已。

• • •

好比工作，不管是做行銷、產品服務、寫程式、當小編、開公司，職涯裡該面對的挑戰，從專業知識、人際溝通、時間管理、網路社群、財務會計，到現在還得學點ＡＩ，只要你還在努力發展著職涯，就遲早都會碰上。如果現在還沒經歷到，也只是時機未到而已。

好比談感情，幾十年前，人們會在愛情中面臨酸甜苦辣混合的分分合合、結婚生子的挑戰和糾結。跟現在比起來，或許某些觀念與解決問題的手法改變了，但困擾其實還是差不多，吵架的主題也都大致相同，還不就是那些三觀五感打架、相處模式不合？

這些所有存在於世間的困擾與挫折，你一定都會遇見，只是遲早的問題。既然都是生命中必然的課題，那這些挫折，其實也就沒什麼值得恐懼的了。

你可以從別人的經驗裡學，也可以透過看書、報紙、電影、電視，每一段影像或文字，都是他人生命故事的碎片縮影。不必親身經歷心情的雲霄飛車，就能占有一部分他人的生命經驗，這其實是很划算的一件事。

你也可以從自己過往的經驗裡學。那些始料未及的衝擊、摔到谷底的挫敗，甚至是什麼都沒做錯，卻還是莫名其妙逆風的倒楣。一次次地站起來、一次次地學會，直到心和腦一樣強健，直到所有困難對你來說，都只是人生必經之路。

如果真的難過到無法呼吸，也別忘了替自己留一點喘息的空間。

也請記得——幸好我們還有日升日落。從睡覺到起床，本身恰好自帶滿滿的儀式感；刷牙、洗澡、保養、吹頭、關燈、躺平、闔上眼簾、鬧鐘聲響、睜眼、賴床、起床、刷牙、洗臉、走出房間……從最暗到最亮，剛好提醒我們把壞心情留在昨天，每一次睜開雙眼，都是一次重新開機，也是你再一次重新選擇人生樣貌的機會。

不管陽光往哪兒照，陰影永遠都會存在。既然如此，就勇敢地選擇走向光明吧！至少明亮溫暖的人生比較舒心、自在一點，你說是嗎？

好生活練習——你曾經遇到挫折，但在成功轉念後順利解決的場景嗎？是什麼讓你改變了心態呢？

忌患得患失

Resist the fear of
gain and loss.

其實你比自己以為的還要更加勇敢，
也更加堅強，
只是還需要一些時間從悲傷中復原而已。

大學時，曾上過一堂哲學概論的通識，直到現在，老師講的關於康德、尼采、黑格爾的內容早就全部忘光光，唯一還記得的是一次關於生命本質的討論。它的概念大致上是這樣的：把人的生命拉長到一輩子、幾十年甚至近百的尺度來看，我們一天天所要面對的跌宕起伏，將好事視為正、壞事視為負，把這些所有事件全部加起來看，它應該要是一條等於零的直線。白話一點說，當你把生命拉長遠來看，生命都不會是特別好或特別壞的。

雖然中間論述的過程已經全部還給老師、是出自哪一個理論學派也想不起來，但是這段話，卻陪伴我度過很多生命難關。

人在心情灰暗的時候，就像摔進泥巴地裡一樣。你的身上、手上，觸目所及全是臭臭的爛泥水，再怎麼用力擰、用力擦，臉上都只會是一片髒。這種時刻，你當然只能看見眼前的汙穢，什麼未來的風光明媚，對你來說都還太遙遠。可是越是在這種低潮時刻，就越容易持續陷在負面情緒中，好像每天從睜眼開始就在水逆，於是開始鑽牛角尖，甚至會絕望地認為沒有努力的必要，所以選擇放棄，本來還有救，卻錯過解決問題的最佳時間，也害自己需要花更長時間，走出爛心情。

確實，在什麼都很糟的情況下，很難一直維持正能量，別人的建議有時又顯得事不關己、聽不進去。可是偏偏也只有先從泥濘中爬出來，休息夠了、把身體洗乾淨了、有力氣了，你才可能重新感受世界上有那麼一點美好的可能存在。

生命所有好壞，最終會回歸中性的這個想法，則是身在泥濘時，能夠幫我從中爬出來的力量。我會告訴自己，壞事發生就發生了，這就是谷底，往好處想的話，也不會再有比這更慘的狀況了。趕快靜下心來面對問題，只要撐過這一關，接下來一定會越來越順利的。況且，既然發生了壞事，生命不會虧待我，接下來一定會有其他好事來平衡。這樣一想，好像又找回了一點繼續前進的勇氣。

其實人生中所有難受的事情都是這樣的，當下正受著煎熬苦難的摩擦捶打，要求人始終保持正面積極，或許是一種情感霸凌，可是偏偏失落又是生命的必然，所以你才更要在感到絕望的時候提醒自己：有些事情，只有在回頭也不感到疼痛的那天，才可能真的相信自己沒事了。至於還在掙扎的現在，就用自己喜歡的方式喘口氣就好。

放幾首吵鬧的音樂並開到最大聲、選個運動讓自己噴一點汗，或是大哭一場後，吃遍那些一直想吃卻又怕胖的美食。找回一些能量後，用盡全力在心裡嘶吼「我才不會被打敗！」一旦釋放了鬱悶，那些煩心的爛事，好像也就離自己更遠了一點。

• • •

宇宙不會故意與你作對，但生命卻也註定是由酸甜苦辣交織而成的不完美。我們該做的，是學會和不完美共存。

所以無論如何悲傷、失望都沒關係，只要不放棄活下來的念頭，也不要放棄努力前進的希望就好，即使沒辦法放下原諒、沒辦法從心中遺忘，你終究也會習慣並成長到能夠面對這些挑戰，就像海星一樣，斷了的手會重新長回來，而且會長得更粗更壯。

試著練習用更長的尺度來思考人生。好的、壞的，充其量都是整首生命樂章中的幾個小節。既然站在舞臺上了，就無愧於心地好好演奏吧！你會發現原來我們都比自己以為的要更加強韌、更加能適應改變，也更加能夠從傷痛中復原。也許不是現在要馬上原地滿血復活，但給自己多一點的時間和空間。

事情終究會過去，你也終究會好起來的。

好生活練習——當你對生活感到厭煩時，想到什麼或做些什麼事可以讓你打起精神、恢復良好的狀態呢？

宜與自己獨處

Enjoy being alone.

有時候我們都會需要靠隔絕世界的獨處找回自我，
重新積攢能量，
才有勇氣面對這一團亂的世界。

幾年前，網路上曾經瘋傳過一份孤獨等級表：

等級一：一個人逛超市
等級二：一個人去吃餐廳
等級三：一個人去咖啡廳
等級四：一個人去看電影
等級五：一個人去吃火鍋
等級六：一個人去KTV
等級七：一個人去看海
等級八：一個人去遊樂園
等級九：一個人搬家
等級十：一個人去做手術

照這個量表看一看，發現自己還滿厲害的，一個人去咖啡廳、看電影、吃火鍋、看海這些，真的都只是日常的小case，連等級十「一個人去做手術」都破關了——我的盲腸炎手術，就是自己一個人去醫院開刀的。

那是大學在國外當交換學生的時候，因為肚子持續痛了幾天，位置也很異常，直到某個晚上終於忍不住了，才強忍著疼痛，腳踏車騎了三十分鐘，到離學校最近的醫院急診室掛號。進診間前，連盲腸的英文是什麼都不曉得，還是醫師拿著消化道模型指給我看，才知道原來是這傢伙在作怪。接著就是抽血、照顯影、簽保險文件和手術同意書，接著就進手術室麻醉、動刀。中間所有過程，全部自己一個人搞定。

雖然看起來有點可憐，但我向來不太因此感到寂寞；相反地，我還滿享受這樣獨自一人的時光。一個人閱讀的專心、一個人旅行的無拘無束、一個人看電影還可以不顧形象大爆哭。此外，開始寫作以後，確實也相當需要一個足夠隔絕外界干擾的環境，好進到創作的心流中，長出大家現在正讀著的文字。

• • •

在忙碌發達的現代生活中，要能享有一段完全獨處的時刻，其實並不容易。爭著吸引你注意力的推播通知、各種來自親朋好友的訊息轟炸，更別說四處勾引你的網購快樂泉源，以及讓人上癮般，永遠停不下來的社群與長短影音放送。無止境的雜訊讓早已資訊過載的小腦袋都要冒起煙來，它們都是奪走平靜，使我們終日惶惶的凶手。

• • •

曾在Podcast中聽一位史丹佛大學教授聊到，雖然她在課堂或對外演講總是談笑風生，但她卻形容自己是一位「內向」的人。原因是她每天都必須保有與自己對話的時間，只有在這個時候，她才能為自己重新注入能量，再重回人群進行社交與分享。這段獨處的時間也是她一天中，最享受的自我修復過程。

我自己也是這樣，有時候會議、聚餐滿檔，從工作報告的成效數據到照看朋友的感情近況，幾乎沒有空閒關心自己。把生活塞得滿滿的，卻距離有條不紊越來越遠，腦袋混沌的狀況下，效率也越來越差，生活像被趕鴨子般推著走。沒能好好享受當下，也無法細細規畫未來，只有在獨處後整理了心情、重新安頓好自己，才能再次面對生活的挑戰。

能夠好好面對孤獨，是一個需要練習的能力，甚至是心靈成熟獨立的人才做得出的表現。試著重新與自己對話，也試著在獨自一人的世界裡找尋樂趣，細緻而深入地覺察身體，緩慢而全面地沉澱情緒。

「最近的你，過得好嗎？」
「生活，正在成為你想要的樣子嗎？」
「哪些是你真正想做的事？」
「哪些是對你來講真正有意義的選擇？」

給自己多點獨處時間和機會吧！它替你省下了不必要社交會消耗掉的能量，換來了更多深度思考的時間和全心鑽研有趣事物的空間；它代表了不迎合、不妥協於群體意志的勇氣，是能夠誠實與自我對話的技能，是築給自己的心靈避風港。同時，你也將有更高的機率成為一件事情的專家，更容易因為長期深入的沉浸而產生獨到的見解。它將會是你在每日庸庸碌碌的生活中，成長最快，也最能療癒自己的一段時光。

一個人並不可怕，有這麼多有趣又精采的事情能獨享，怎麼還有餘力感受心情上的不堪與寂寥呢？

好生活練習——你喜歡獨處嗎？
孤獨表一到十，你可以到達哪一個等級呢？

忌負能量

Avoid negative vibes.

要擺脫不幸的迴圈，自怨自艾是一點幫助也沒有，
努力想出辦法、重新整頓自己才是最佳解。

現實生活裡的內心獨白，和動畫裡面會出現的很像，會有小天使與小惡魔在我們耳邊竊竊私語。

「對手太強了，我覺得我一定會輸。」

「我覺得自己好差勁，什麼事情都做不好！」

這些折磨人的小惡魔對白，偶爾也會出現在你腦海裡嗎？

• • •

大學時代的我參加了系上的排球隊，說不上太有運動天分，身體素質也沒有太好，即使球隊練習算得上是認真參加了，在隊裡的表現依

然普普通通。也因此，每到打比賽的時候，對我來說都是一件壓力非常大的事情，所以每次上場都很緊張。尤其輪到對方發球時，我都會在心裡瘋狂默念：「拜託不要發到我這裡來！拜託不要發到我這裡來！」接著，球就牢牢遵循了墨菲定律，朝我的方向凶猛襲來。腦袋一片空白、腳步也像黏在地板上，常常就連簡單的球也都接得亂七八糟。明明平常練球時都沒問題，卻因為我的負面思考，摧毀了處理問題的勇氣和能力。

其實這就是負面思考裡最經典的影響力。它是神出鬼沒的自我批評，不斷提醒你最討厭的結果，同時占據掉大腦有限的記憶體，進而害你分心，反而無法發揮實力來面對挑戰。就像在球場上，當下我明明最該思考的是如何把球好好接起、傳給隊友、贏得比賽，內心卻不斷洩自己的氣，進而影響表現。

說實在的，如果真的要在心裡默念，那麼多告訴自己「我做得到」總比「我做不到」來得有意義千萬倍吧？

幸好擺脫負面思考，是可以藉由練習達到的，你可以試試下面三個實用的方法：

一、學會抽離：運用旁觀者的視角和自己對話，就像你向朋友提出真心的建議時，你絕對不會一直唱衰他說「你做不到」，而是會跟他講「你可以的」，以及「你該怎麼做」。當把腦內對話從第一人稱的「我」，換成「你」或者是自己的名字時，我們會很自然地快速切換成客觀的視角，減少對自我的打壓，也可以更平和地看待問題。

二、以終為始，跳脫當下情境：想像十年後的自己，搭著時光機回到現在。你希望未來的自己是什麼樣子呢？是個堅毅有勇氣、積極追尋成功、熱愛生命的人，還是一個垂頭喪氣、成天抱怨卻一事無成的人？未來的你，又會為現在的自己提出什麼樣關於當下的建議？聽完這些建議後，現在這個時空的你，該怎麼行動才能獲得你最渴望的結果？

三、建立自己的儀式感：許多NBA球星，會帶著幸運物上場，或是在罰球前有一套固定的準備動作。這些專屬於己的儀式，雖然只是安慰劑般的存在，卻可以幫助你迅速跳脫當下負面思考帶來的緊張與自我設限。人的大腦，光是「相信自己可以」，就足以在生理層面有效降低壓力賀爾蒙，於是可以更容易平靜下來，把心力用來面對問題，而不是擔心失敗，自然就能達成更好的表現。

根據科學家的研究，人醒著的時候是無時無刻不與自己對話的。這個交談的速度相當於每分鐘四千個字，大約是場一小時演講的文字量。當這場演講，充滿負能量的對話越多，理所當然對自己心理狀態的危害也就越大。所以，如果你能在這麼大量的思緒語言流裡，用正面的自我激勵與理性思考取代負能量，自然會大幅度改善在各方面的表現。所以一起來練習把負能量丟了，當一個自己會喜歡的人吧！

好生活練習——

最近一次覺得自己做不到、不夠好是什麼時候？

而覺得自己很有自信、很棒，又是什麼時候？

宜脆弱

Embrace
vulnerability.

看似脆弱的哭泣與悲傷並非弱者的象徵，
而是身而為人更加完整的表現。

過去的我，對自己的眼淚是非常反感的。從有記憶以來，家教就是無論發生什麼事都不許哭，不管心情有多差、內心有多委屈都一樣。比如犯錯了被罵、被處罰，這時候要是敢哭出來被發現，絕對抓起來再多痛扁一頓。久而久之，在這樣的鐵血教育下，便被調教成淚腺超級不發達的人。不管是任何場合與關係間的衝突，還是大家都說很好哭的電影，甚至在結束一段感情時，幾乎都不曾賺走我一滴眼淚。

那時候在我心裡，哭泣就是弱者的象徵。

隨著年紀大了，經歷的人事物多了、

廣了，才終於知道，原來不太正常的其實是我自己。

所有的情緒不管是正面還是負面，它們都是真實存在的個人主觀感受，沒有對與錯的分別，更沒有高下尊卑的判定。就算是我自己特別不喜歡好了，也沒資格否定別人的感受；更何況，當總是抱著輕蔑的態度面對他人的脆弱，我失去了幫助他人的能力與機會，還可能做出太機車的發言傷害到他人，甚至親手摧毀重要的人際關係。

奇妙的是，當我想通了，也接受了這個想法後，反而自己的情緒也獲得了解脫——我開始願意正視自己脆弱的那一面。就算在優秀的社會化後，學會維持外表的理性、堅強、樂觀、強悍，但在某些夜深人靜的時刻，我開始能夠，也願意感受自己的缺點、難過、無助、失望和沮喪。

這個社會的顯學，是期許我們無時無刻不有著陽光般的正面能量，面對壓力或挫折時，也期待我們能用正向的思考迴路來解決問題，但其實接受自己的脆弱並適時地表現出來，是一種更深沉的自我探索。你會更理解自己，同時也更能與他人產生共鳴，感受彼此給予的溫暖，用不同於泛泛之交的結構，建立起新的關係。

偶爾流些眼淚，沒什麼大不了的，這才更像是個活生生有血有肉的人呀！就像《腦筋急轉彎》裡的憂憂一樣，你沒辦法趕她離開，她就是會住在那，可是我們的心也因為她的存在，變得立體而多采。允許自己脆弱，其實也是對自己的寬容與解放。心裡的那堵高牆被推倒後，他人才有機會靠近，自己也才能夠走出去。年少時讀到德蕾莎修女的名言「May God break my heart so completely that the whole world falls in.」似懂非懂，直到現在能理解脆弱的意義後，才真正的體會它的意境與美。

「坦誠面對自己，然後成為更完整的人。」

照顧與被照顧、信任與被信任、愛與被愛，不懂得接收的人，怎麼知道如何給予？我是這樣學會脆弱也更認識自己的，那你呢？

最後不得不說，變得比較多愁善感真是有好有壞。好處是，要是沒有這樣的理解與特質，也就不會有好日曆的出現，畢竟在書寫心裡話的創作世界裡，情感是沒辦法騙人的；壞處就是，看個《功夫熊貓 3》這種有歡樂大結局的電影，竟然都會讓我微微鼻酸，還真是傻眼。

好生活練習——

你覺得自己偏向理性或者感性？

上一次壓抑悲傷哭泣，又是為什麼呢？

宜平常心

Keep calm
and
carry on.

放下汲汲營營的得失心，
專注於眼前該做的事情，
你可以把生活過得更從容自在。

身為工作狂的我，向來很在意自己的職涯發展，所以除了對當下工作的要求很高以外，也一直都很關注未來可能的成長性。但有段時間，卻正因為得失心太重，反而讓我在面對挑戰時，感到迷惘，也沒辦法全力以赴。

因為手上的專案很難，途中遇到了比想像中更多的外部阻礙和挫折，遲遲沒有成果，於是開始擔心做不好會影響到大家對我的評價，心中也出現一堆小聲音：「這麼累值得嗎？這麼辛苦讓我獲得了什麼呢？如果我付出了時間和心力，卻沒有好的結果，那我的履歷還會漂亮嗎？如果這個案子失敗了，變成汙點怎麼辦？我究竟又該做些什麼才能成長得更快、更好？」

當我滿腦子都在關心「自己」，而非團隊的利益時，反而更難專注在手上的事情，於是專案推行得更慢了，我的心情也掉進了漩渦當中。就這樣苦苦掙扎了好一陣子，中間著實費了不少心力，看書、聽講座、讀文章、找人聊天談心。直到某一天和一位前輩聊天，他給我的建議是：「不要想太多，把心思放在眼前能做的事上就好。」老實說，當下我是半信半疑的。沒有規畫、沒有預想未來，這聽起來就很不對勁，似乎也沒有解決我的成就焦慮。只是，確實也沒什麼更好的方法了，於是硬逼著自己規畫出幾件馬上能執行的工作以後，強迫腦袋與雙手開工忙碌。

說來神奇，當我把注意力放在事情本身，而不是最終的成敗，反而更專注、更有動力，過程也更加開心。

從結果上來看，因為回到專注的狀態、生產力提高，所以可以做出比腦袋亂糟糟時，更好的成果。這就像如果你在高壓的考試中不認真算數解題，滿腦子反而都在想「要是考高分，要去哪裡慶祝」，或是「這些考試範圍都沒準備，完了完了，一定要滑鐵盧了」，反而不能專注於當下的問題之中，這樣沒有考差才奇怪吧？

放下患得患失的心境，專注在當下的目標，往往會更容易找到貼近成功的那條路。

另外也分享一個我管理得失心的方式。我會刻意在面對挑戰時，選擇一個偏悲觀的視角來為自己打預防針。告訴自己，即使有信心、自覺能力足夠，也盡了最大的努力，依然有一定的機率會失敗。於是，當最終的結果不盡人意時，因為至少先料想過，所以心情還能維持平穩；反之，如果獲得了比最差還要好的結果，那不就是賺到了嗎？

世界不完美，人也不完美，沒有人喜歡失敗和挫折，但你不得不理解，它們就是有一定的機率會降臨。偶爾不如意沒關係，趕緊站起來就好，畢竟在人生的這場賽局中，還有很多機會可以翻盤。不要用個別的失敗事件來定義自己，犯錯也並不代表你就是個差勁的人，甚至那根本不是你的錯，就只是時不我予和運氣不好罷了。

如果你對道家的老莊思想還有點記憶，應該會對「無為」兩個字有印象。其實「無為」常常被人誤解，它並不是什麼事情都不做，而是用輕鬆、沒有壓力的態度去做。因為不在乎成敗、不著急，反而可以在輕鬆的心情與廣闊的視野中全力以赴，結果更容易把事情做好。謀事在人，成事在天，只要把可以做的做到足夠好就可以了。

把生命中的挑戰都當成是一場跟自己的比賽就好，先不用想輸贏得失，在躺平、投降之前，你永遠可以選擇再試一次。或許最後仍然沒有贏，但你也打了一場無愧於心的精采戰役，這就已經是屬於你最了不起的成就了！

好生活練習——

如果有一項很重要的任務沒有達成預期的效果，你會如何面對這個失敗？

宜看星星

Look upon the stars.

人是靠自己所擁有的才能活著的，
不在手裡的，再好也都只是希望。
追求自己的幸福，
而不是滿腦子想著要比別人幸福。

有時候真心覺得，我們這一代出生的孩子實在是衰爆了。出生時恰好過了臺灣錢淹腳目的黃金年代，懵懂地看著大人們慌慌張張、熬過臺海飛彈危機、經歷了九二一大地震對土地和人民的重創、度過SARS的恐慌威脅、畢業那幾年遇見金融危機，導致工作難找得要死，然後再碰上了堪比電影情節的全球Covid-19疫情。

撇開這些十年一遇的危機，我們每一天都還是塞滿了陰影。工作繁雜的事務綁架了肉身、人際社交的壓力束縛了精神，甚至連本應是無條件避風港的親密關係，都可以一夕變天，成為一言難盡的狀態。

可是再換個角度想想，現在之所以還能躺著、坐著、站著滑手機，保有生命、電力、和Wi-Fi，也許不是隨心所欲，但想要的時候依然能去逛街、看電影、聽演唱會，和全球幾十億活在更艱苦環境中的人們相比，不已經是幸運的天選之人了嗎？

每個人的生命，在不同時期都有不同的苦難和課題。你不知道什麼時候會被生活狠狠踢上一腳，也不曉得現在的一路順遂可以帶你飛多遠。你渴求光明，卻也得適應黑暗。家庭出身與生活環境，不是自己有辦法決定，但我們絕對可以選擇要用什麼樣的姿態面對生活。

•

試著描繪看看，在你心目中，幸福的人生該長什麼樣子？

是豐裕的財力、絕頂的聰慧、刻骨銘心的熱戀，還是飛遍世界各地，擁有穿搭不盡的鞋包衣服，或和所愛之人平平安安地在窩裡，過著天天年年歲月靜好？每個人對所擁有的事物與條件，各有不同的權重感受。沒有哪樣必然比較好，更沒有誰怎樣就比較高尚。你該做的是用你喜歡的方式，在生活中的各個領域裡，放入你真心認同的用心與努力。慢慢地，就可以像拼圖般，拼湊出自己最喜歡的排列組合。

只是很多時候，雖然真正的你已經在努力之中，朝著理想的幸福樣貌前進了，但轉頭看到別人有自己還沒有的酷東西，豔羨的比較之心還是會默默升起——比賺得多、比車子好、比房子大間、比頭銜高、比自由時間長、比小孩聰明可愛會念書……人的心理是很奇妙的，你往往不會注意到那些自己已經很棒的地方，卻會把不好的地方用顯微鏡放大。於是，當所有比較都在放大「你比別人差」的感受時，生活怎麼可能舒坦、自在呢？

人是靠自己所擁有的才能活著的，不在手裡的，再好也都只是希望。知足，比拚死追求幸福重要且實際得多了。

幸福沒有絕對值，一切都是比較出來的，不必在乎他人說嘴，別人的眼光也只是過眼雲煙，更何況，你羨慕的那些光鮮亮麗背後，會不會有許多看不見的艱苦和犧牲呢？不用因為別人對你的感受而失望落寞，社會送你的那套免費成功樣板，絕對是最廉價、無聊的，參考就好。

追求自己的幸福，而不是滿腦子想著比別人幸福。過得差或過得好，問問你心裡最真實的感受，才是唯一重要的事。即使偶爾覺得生活辜負了你，也別忘了仰頭看看，找找你人生中的北極星。它可以是對家人不求回報地關愛、對愛人無私地支持、對朋友真誠地照料，明亮的星光照射出希望，希望則會點燃你，為你混沌的世界帶來燦燦光亮。

好生活練習——

想想自己最容易因為什麼事情感到自卑？又是為什麼？

人生的成長痛

The Growing Pains of Life

宜日日好日

超越自己的滋味，
有人沾著心酸吃，有人加點苦澀配；
能確定的是，無論如何，
最後都會有香甜這一個口味。

宜開始

It's time to begin.

所謂的天才，
並不是一出生什麼都不做就很厲害，
而是要在大量地刻意練習與培養中，千錘百鍊而成。

就我的觀察，不管是在求學階段或職場中，厲害的人都有這樣的特質：他們也許現在還不是最優秀的，但是永遠有一顆追求卓越的心。

這一次考試沒考好，下一次更努力之外，也要尋找更有效率的學習方式；這一場比賽打輸了，回家休息一下、分析優缺點，尋找改善的可能，下一場比賽的勝率就會再提高一點；這一次工作上的專案成效不如預期，挖掘可能的原因、尋找對症下藥的解方，那麼下一次就有更高的機率成功。

這種思考方式，被稱為「成長思維」，它是相對於「固定思維」的心態。

現在表現得好或不好並不重要，只要下一次可以比現在更好，就很棒了，並且也要認知到，沒有人一出生就是所有事情的專家，現在會犯錯、不完美，那也是一件很正常的事情呀！

這個過程其實和玩遊戲升級很像，從新手村出來後，進到森林荒野中。每一次戰鬥，都會累積經驗值，經驗值足夠了就可以升級。而在成長的過程中，也需要選擇自己想進化的方向，究竟要當個靈活、擅長打帶跑的弓箭手，還是身強力壯、血多，站在第一線衝撞的戰士，又或者是待在後方謀畫的法師？接著把透過升級而獲得的點數，投資到期待的特定能力上，並且試著用最有效益的方式升級。

隨著等級越來越高，每前進一檻，都會變得越來越不容易。有一些遊戲的升級設定，甚至相當嚴苛，比如說，從等級三十九要升到等級四十，必須累積將近從一到三十九級的經驗值總和，才能越過障礙，升上一個階級。

人生不也是這樣嗎？你會的東西越多，接下來要累積到有感成長的時間也就越長。也許是追求更大的挑戰、思考更複雜的問題，或面對更強大的市場與對手。更別提過程中，那些令人想放棄的心魔和挫折了。但是漸漸地，隨著等級提升，原本讓你感到棘手的關卡都會開始變得容易，而原本一團霧、看不清前方的迷宮，現在的你也開始可以靠著記憶，輕鬆找到破解的路線了。

這就是成長。

• • •

雖然有著相近的類比，但人生和遊戲還是不太一樣的。人生既沒有數據化的狀態面板，也沒有祕技可以參考。遊戲可以存檔重來，但人生不行；遊戲可以暫停一下、喘口氣或找本攻略，但人生不行。

真實人生，比虛擬的遊戲難多了。

請永遠保持謙卑，當你明白自己懂的還不夠多的時候，就不會驕傲自滿；不會驕傲自滿，前進的步伐也就不會停止。

你一定會成為一個更厲害版本的自己，就像好日曆的誕生與存在。

在一個因緣際會下，我開始了好日曆的寫作之路。一開始光找靈感都要花好幾個小時，找不到自己的風格，寫完又刪掉重來，每一篇文章，一天花四、五個小時都算正常。直到在每天一篇的訓練中、每一次寫作課的刻意練習中，逐漸累積出還算可以的能力。至少動筆的速度比一開始快上許多，也更能清楚地表述自己心中的想法，至於大家是否喜歡，就不是我能完全控制的，至少我努力做到力所能及的最大範圍，那也就夠了。

如果說並不特別優秀的我，從零開始也都能做到這個程度了，那還有什麼是真的完全不可能的呢？

成長的路上，一定會有阻礙，但只要堅持也努力，事情一定會變得比現在更好的。

好生活練習——如果你想養成一個新的專長或興趣，那會是什麼？可以怎麼開始呢？

宜尋找志業

Find your calling.

找尋自己存在的意義一直都是一場
帶點崎嶇卻又令人期待的旅程，
不用繁多或遠大，這輩子只要找到一個目標好好地做，
那就已經是一件非常美好的事了。

在日文中有一個詞：生き甲斐。拼音是 ikigai，中文翻譯的意思是「生之意義」。

它代表了一種信念：每個人生在世上，都擁有自己的生之意義。這個意義因人而異，不需要比較大小。擁有改變世界的偉大理想很棒，追求小小的日常平凡幸福也很了不起。總之，這些事情就是你生活的動力來源，也是使一個人每天早上醒來可以再度充滿幹勁的理由。

• • •

日本作家茂木健一郎，曾試圖將「生き甲斐」拆解開來，他認為 ikigai 是

以下四件事情的交集：你享受的事、世界需要的事、你擅長的事、別人付錢請你做的事。

這四個圓圈的交集，並不是能輕易達成的組合。

想想我們都曾在生活中聽過，甚至親自體驗過的經驗：你很喜歡，卻沒人願意掏錢買單，於是為了夢想挨餓。能夠賺錢可是不喜歡，覺得自己像部工作機器，於是喪失了熱情和衝勁。你享受、能賺錢，可是你卻超級不擅長，於是做起來痛苦萬分。

從這些例子中，你能夠想像任一個圈的缺乏，都會帶來一些生活上的不滿足。但是反過來說，湊齊了四個要件後，對人生的煩惱和疑惑一定能夠少掉很多。

•

用說的容易，但真實世界的生之意義，不會自己蹦出來。不會是運氣好，碰巧湊齊條件；也不會是走馬看花的路途上，可以順便達成的境界。它不會總是輕鬆，甚至在某些時候還會有點痛苦，因為它會是個需要花上好多年的自我探索之旅。你可以想像一下日本一生懸念的匠人們現在的樣貌，絕對不是一朝一夕養成的。

如果你真心尋找那樣的自己，在前進的路上，必須常常問自己很多問題：

「我喜歡這件事嗎？」

「我喜歡做的事情，有厲害到別人願意付錢的專業程度嗎？」

「我正在完成的事情，是這個世界真正需要的，還是我自己的一廂情願呢？」

而且不光只是想，還得要去實踐。沒有人在拿起鍋鏟以前就能成為廚師，甚至往往得從最基礎的削馬鈴薯皮開始練起。否則，一個只能生產出黑暗料理的廚師，就算有再大的熱情，大概也都只能停留在興趣的程度，難以藉此生活，更別提被認同、被尊敬、找到意義了。

•

•

•

當然，尋找屬於自己的生之意義，從來就沒有一個邁向成功的標準流程。

在漫長的生命長河裡，你會在不同的人生階段，找到不同的答案，而這些答案還會隨經驗與經歷而不斷改變。現在還不完美，那是正常的。

人生那麼長，現在的你，就只是還在前進而已。

能夠付出行動去尋找真實的自己，應該會是一場令人期待的旅程。所以，記得為自己多留點未來的想像空間，不要限縮自我，也不要害怕做出選擇。更重要的，要活在每一個當下，享受一路上一定會遇見的挫折，體會從挑戰中鑽出機會的快樂。總是會有些不滿意的時刻，但只要不放棄尋找，你終究會找到自己想成為的樣子。

踏上了這條路以後，慢慢地，也許你會開始意識到生活與自己的改變，然後就會開始明白，其實這輩子能夠好好做對一件事情，那就已經是夠好的人生了。

好生活練習——現在花你一天最多時間的事，是你最想做的嗎？不是的話，那最想做的會是什麼呢？

宜閃耀

Choose to shine.

為自己的生活賦予意義，
是在平凡中找到生命的熱情與快樂的最好方式。

我相信這個世界上，每個人的存在，都有自己獨一無二的價值。

不曉得你有沒有過這樣的經驗：和一個人講話的時候，聽他暢談自己的理想與目標時，會覺得他的眼睛是會發光的。說不上是什麼樣的臉部肌肉，牽動細微表情與聲調的組合，總之，那是一種很直接但美好的感覺。

對我來說，眼神發光，或許可以說是最能夠看見找到熱情的人的外顯表徵。

• • •

這些你想要守護或追求的核心價

值，可能來自你過去與現在的所見所聞。可能來自於豐盛、來自於匱乏、來自於給予、來自於獲得……總之，都是你人生中很重要的一部分。

當你看見它，就像是只為你一人懸掛空中的北極星，足以引領你在茫茫大海中勇敢地做出選擇。

比如說，我曾經遇過的一位長輩，她這一生，從年輕到老的所有努力，都是為了照顧好身旁的家人們。她的成就感與快樂，很單純地來自大家吃飽穿暖、身體健康。而在面臨人生選擇的交叉路時，她也能夠毫不猶豫地選擇家人那一邊，或許偶有缺憾，但也從不因此後悔。

我也認識一位優秀的創業家，在大學時期就對某一領域深感興趣，終日廢寢忘食地研究，出社會也用這個題目開了公司，產品成功獲得超過百萬用戶、在國內外都拿下大獎、獲得總統親頒的榮譽。功成名就的背後不意外地用了時間、健康與生活交換，雖然偶爾看他臉書上調侃自己孑然一身只剩錢，但如果能再重選一次，我想他也會義無反顧地走一樣的路。

尋求珍貴的事物，總是需要一些代價的。你會需要踏過荊棘之路、越過重重險阻、對抗他人的閒言閒語，從無意間踩中的深水坑裡爬出，然後嘗試無數次的走錯路與遠路。

但是無論如何，你都要堅持著。你會找到翻山越嶺的訣竅，會找到足以支撐理想的物資，還會像RPG一樣撿到一群志同道合的伙伴。只要持續努力著，北極星的光芒就會越來越清楚。

而真正的熱情與滿足，就是在你長期的努力與付出中，最後產生成就感那一刻的腦內啡大爆發。

每個人終究都會開始發光的。也許不是現在，也許不是在現在所處的這個地方，但總會有的。有些事情，得要相信了才會看見。

只有你相信自己會發光的時候，才會成為夜空中最亮的那顆星，帶著自己前進。

好生活練習——

還記得自己眼神發光的樣子嗎？
當時的你，心裡在想著什麼呢？

宜享受過程

Bon voyage.

登頂的景色固然壯闊偉大，
但路程行走時遇見的小草野花，
卻是伴你更久且唯你獨享的美好風光。

這幾年，因為新冠疫情的關係少了出國的機會，就算假日出遊，為了避開群聚，也會盡量往沒有人的地方跑。無意間，重拾了往山裡跑的野孩子人生。走在離市區不遠的郊山步道上，難度雖不高，中途卻讓我不斷回想起過去攀爬大山的奇妙經歷。

• • •

大學升四年級的暑假，因為參加了學校的一項大型計畫，所以有機會可以前往海拔五千三百六十四公尺的喜馬拉雅山基地營。當時還在念書的我，未以登山家為職志，對聖母峰的理解，也只是個在影視文學作品中才會出現的名詞，單純覺得這會是個很難得的經驗，沒想太多會付出什麼代價，又將取得什麼樣的成就，一頭熱地就報名參加了。

在行前準備的階段，除了按表操課的體能訓練，還得進行幾堂室內課，與一同參與登山的學生們討論關於登山的知識，也分享面對「山在那裡」的心態。印象很深的一堂課，是帶隊老師很認真地提醒我們，這一趟不要只想著登頂，因為這從來就不是爬山的重點，中間的過程才是旅程中最重要的部分。

當下聽完很不以為然。內心想著：登頂明明就超重要的好嗎？沒有登頂，那還叫爬山嗎？走到山頂的那一瞬間，難道不該是「登山」的本質嗎？難道老師鼓勵半途而廢？而且要是中間很辛苦，最後卻什麼都沒得到，這樣是值得的嗎？

總之，最後還是上山了。先到香港轉機，接著飛到尼泊爾的首都，再登上螺旋槳的小飛機，到達沿著懸崖而建、每幾年就會有一場事故的山中機場。

攀登大山的過程當然是辛苦的。即使是青春活力的二十歲，每天十小時起跳的路程，依然令人感到筋疲力盡。除了面對天氣的多變與高山症的可能以外，還得忍受全程無法洗澡的心理障礙。大概三、四天以後，因為累積的疲累讓一切都越來越難熬，漸漸地，在走路時，好像變得只能專注在自己的腳步與呼吸了。視野裡只剩下前面伙伴的登山鞋，每天走到目的地的山屋以後，滿腦子也只剩下趕緊吃完飯，躲進羽絨睡袋中休息。

就在某一天的清晨，天是魚肚白，犛牛都還在睡覺，依然是走沒幾步就已經開始懷疑人生。隨著太陽升起，無意間抬起了頭。

你知道嗎？如果你所在的位置，比太陽當下的位置還要高非常多，太陽會由下而上地把山的影子打出來，映照在天空的雲上，成為連接著一座山頂的灰色倒三角形。

那是文字難以形容、一輩子從未想像過的，也將會畢生難忘的絕景。

直到那一刻，我才聽懂了老師當時說「過程更重要」那句話的意義，也是直到那一刻，我才意識到這一路上，自己已經因為匆匆地埋頭趕路，錯過了多少日、月、山、河、花、草和星空。

忘記感受刷在臉上的冷冽、忘記聽沿途的蟲鳴鳥叫，也忘記要讚嘆一下自己究竟走了多遠的路。

登頂是爬山重要的目標沒錯，順利達成固然令人興奮，但如果不能享受其中的過程，真的會白白錯過很多美好。

生活不也是這樣的嗎？

你有很棒的目標，也努力奮勇前進著。但是在這個過程裡，你是享受的嗎？你是開心的嗎？你能夠在即使沒走到目的地之前，或在不小心錯過的時候，依然有滿滿的收穫嗎？

記得提醒自己，抬起頭，享受現在的過程。最後能否走上山頂，或許真的沒那麼重要了呢！

好生活練習——回想自己曾經達成的艱鉅任務，哪個比較令你難忘？是結束的那個榮耀時刻，還是奮鬥的過程？

忌三分鐘熱度

Avoid short-lived enthusiasm.

所有改變都是日積月累的結果，沒有捷徑。
要往更理想的生活去，就必須繼續前進。

認真回想一下你一天的行程：從早上關掉鬧鐘開始，刷牙、洗臉、穿衣、出門，連上下班的通勤時間，腦袋都能開啟神奇的自動導航模式。有時候，甚至忙完了一整天，都不知道自己是怎麼平安到家的。

聽起來有點可怕，但從另一個角度來看，這其實恰恰展示了「習慣」對人類生存的巨大影響力。

如果沒有這些腦中的行為捷徑，所有日常事物都需要我們親自重新決策。想像一下，你每走一步路，都要努力回憶抬起腳的感覺、要用哪些肌肉、如何維持平衡、怎麼控制速度；又或是第一天騎機車上班，緊盯著導航，還要判斷行人與路況，還得算準抵達時間才不會遲到，所有的腦內決策都需要你投擲精神與注意力。如果沒有習慣輔助，光是維持日常生活就會耗盡我們的能量了，哪有空進化呢？人類應該幾千萬年前就會被淘汰了吧！

• • •

除了是肉身存活的必需品以外，習慣也是自我成長的重要關鍵。比起一次往前衝一波，不如在每天的日常中，小小地推進一點，用習慣累積出巨大的成果。

比如說，與其每個月空出一天時間逼自己讀完幾本書，不如每天睡前花短短的幾十分鐘加減看一點，學習會更有效果；又或者與其兩、三個禮拜去健身房一次，在那一天把自己逼到力竭癱倒，不如每天做一些簡單的運動，逐步對身體產生微小但有意義的刺激。

「重複和堅持」，就是這兩個極度簡單的要素而已。最簡單，卻又最難達成的兩個條件，所以才需要習慣的助力，來幫助我們克服人的惰性與弱點。

習慣運動、習慣固定作息、習慣吃得健康、習慣吸收新知。這些每個人都知道對自己有幫助，卻難以做到的事情，哪件不是靠養成好習慣來達成的呢？當你開始覺得一天沒做點運動就渾身不對勁的時候，你還會離健康的身形很遠嗎？

別讓如果只停留在如果，正是每天重複執行的那些事情，決定了我們成為什麼樣的人。

好生活練習

你最想培養的好習慣是什麼？

每天可以分出多少時間刻意練習呢？

宜取捨

Decide what to keep and
what to let go.

跟物質不滅定律一樣，
流失的一定只是跑到其他地方去了。
有捨有得，對人生也是不變的道理。

為了成就一件事，你願意犧牲什麼去換呢？

每天這樣寫著好日曆，也寫了三年。至今每個知道我真實身分的人，幾乎都問了我一樣的問題：

「你每天上班這麼忙，到底從哪裡生出時間和靈感，每天寫文章的呢？」

說實在的，還真沒有什麼厲害的訣竅，時間就是想辦法擠出來而已。

我一直都相信，你把時間花在哪裡，你的人生就會成為什麼樣子。

這三年來，不管平日或假日、工作或休假，為了完成創作的每日進度，無論如何都得花超過三小時在寫文上。有幾次可能是工作太忙、太累，甚至是參加聚會喝掛了，都還會在早上六點自動驚醒，趕快打開電腦，火速寫個短篇也好，上傳了以後才算完成當天最重要的任務之一。

除了寫作本身，也花了大把時間研究關於成為創作者——從創作到經營社群的一切。找了許多寫作課和工具書來補充知識，費了很多下班後的腦力思考成長，有時候更不得不犧牲一點點健康，好完成任務。

我相信，這種燃燒生命的做法，絕對夠讓我減壽幾年，但也因為這是自己很想完成的一件事，所以不會覺得特別辛苦，頂多覺得時間真的很不夠用就是了，過程依然是心滿意足的。

•　•　•

面對自己的夢想，你願意犧牲到什麼程度呢？

如果有人說只要有了夢想，去實踐就一定會成功，那我想他一定是詐騙集團。在現實生活中要完成夢想，過程絕對是比電影和小說中所呈現的還要更辛苦而漫長。

想達成目標，內心就要做好犧牲的準備。不管是學會一項技能、做出一件代表作或成就一番事業，單單付出行動不一定足夠，可能還要花費額外的金錢和時間、改變原本的生活習慣、錯失很多社交的機會。即使這樣，還要忍耐走過每一個坑洞。更嚇人的是，如果你知道即使扛過這些辛苦後，也不保證一定會成功，這樣，你還願意堅持理想嗎？

實現夢想從來沒有僥倖之路，功成名就的背後，是一個人犧牲了安逸、窮盡努力、歷盡滄桑才有可能換來。不用羨慕他人，自己想要的未來得靠自己打造，而正在努力實現夢想的你，早就已經是最厲害，也最勇敢的人！

好生活練習——

假如你的夢想是一年後年薪翻倍，
你會怎麼訂定計畫，又會如何付諸行動呢？

宜小步快跑
快速更迭

Move fast and
adapt quickly.

控制自己能改變的，接受自己不能改變的。
世界不會因此就變得面目和善，
但至少能夠藉由調整，慢慢找到內心的平靜。

在軟體開發中，有個概念叫做「敏捷開發（agile）」，它是相對於傳統「瀑布流（waterfall）」式的軟體開發方法論。

當你很想完成某一個偉大的產品，你會花大把時間，認真做完整的市場調查和使用者研究。接著，將所有你能想像得到在這項產品中需要的功能，一個個詳盡地規畫出來，反覆檢查以確保萬無一失後，按部就班地投入研發，最終端出一套功能完善、齊全的產品。這就是「瀑布流」的開發方式。

與之相對的「敏捷開發」並不強調產品一開始就要是最完整的版本，

只要能正常運作、足以滿足一部分特定的市場需求，那就足夠了。甚至有些人會主張不該花太多時間去美化它，醜醜的也沒關係，反正能用就好。接著，你可以觀察使用者最真實的回饋：你的產品在使用者心中是否有價值？是否解決了他們的問題？有了這些回答後，可以在接下來每一次的版本更新中，從1.0、2.0、3.0……開始一步步地疊加更新，完善系統功能。這是「敏捷」的開發方式。

在「敏捷」的精神裡，特別強調你所推出的產品不需要在一開始就完美無缺。更重要的是，你能否透過後續一次次地迭代，將理想配合市場真正的缺口，開發出有用也有市場價值的產品？

相對於瀑布流式地開發方法，在步調如此快速的現代社會中，人們的需求改變也超級快速。等你花了幾個月，甚至半年、一年的長時間，才按部就班地完成了市場調查和系統規畫，說不定市場的喜好早已改變，或者是出現了其他動作更快的競爭對手，搶占先機；也可能是你一開始對使用者的假設太過樂觀，所以最後花費大量時間與金錢開發出來的東西，根本沒多少人願意付錢買單。

當然，用敏捷開發不一定就更厲害或更容易成功，但至少能提升你的存活率。

同樣的敏捷精神，我相信套用到人生規畫，也相當適用。

我讀大學的時候，身邊就有這樣一位朋友。當二十歲的我們聊起未來的人生規畫，他已經一路規畫到六十歲了：

「二十二歲畢業，接著去讀研究所。當完兵是二十五歲，要找一間有規模的公司上班，最好是知名的外商。二十八歲時要當上主管，三十歲的時候，因為工作穩定、經濟狀況也比較獨立了，所以可以向當時交往至少三年的女朋友求婚。到了三十三歲，應該要是個能獨當一面，甚至是個滿厲害的部門主管，接著，怎麼說也得拚個年薪百萬吧！然後這時候結婚三年了，也是時候進一步生個孩子，好補上「家庭」這塊拼圖。三十五歲，買間房，背上幾百、幾千萬的房貸。四十五歲，要不自己創業，要不當整間公司的高階經理人。五十五歲，孩子獨立了，也不想要繼續待在生死廝殺的工作環境裡，所以轉換跑道去壓力小一點的職位，最好是可以像講師或者顧問那樣時間自由一點的。然後六十歲提早退休，用被動收入支撐自己環遊世界的夢想，但要多花點時間運動養生，然後九十歲的時候壽終正寢。」

坦白說，當時的我聽到同年的他對人生有這麼長遠又完整的規畫與想像，真的是驚呆了。想想自己，連下一個月會幹嘛好像都不知道，更別說是二十年、三十年、四十年後到老死，那真是想都不敢想的遙遠。

雖然我確實不知道人生明確的下一步會長什麼樣子，但至少「敏捷」的精神，可以幫助我在仍是一團模糊的未來裡，依然保持前進的腳步。

學會一道料理、培養一項新技能、改掉幾個壞習慣、嘗試一個新事業的可能、走入一間喜歡的新公司、交到一個意料之外的好朋友。

讓每一個行動都為你帶來積累與成長。偶爾犯錯也沒有關係，因為那確實是你還不夠厲害的地方，誰的 beta 版能夠沒有 bug 呢？接受周遭的回饋調整自己，修正後不要再犯同樣的錯誤，如此一來，每過一段時間回頭看的時候，就會發現自己已經成為了比本來還要更好的人，就像是軟體的版本升級一樣。

回到我那位做了完整人生規畫的大學同學。後來的他，除了年紀確實增長以外，其他的規畫，好像統統都失準了。

慢慢升級、慢慢摸索，不需要急躁，也沒什麼好與別人比較。你終究會在長長的日子裡，找出屬於自己的人生樣貌。

好生活練習——

如果將敏捷的精神運用到日常生活中，
你可以從哪裡開始呢？

宜蛻變

Embrace
transformation.

用心面對成長、找到屬於自己的方向，
你就會重生出一個更厲害的自己。

你覺得一個人的性格，是出生就不可更動的原廠設定，還是可以調整改變的？

・・・

「性格決定命運」這句話，相信每個人都不陌生了。如果接著把「性格」拆解出組成元素，裡面內含的其實就是一個人處理輸入資訊時的思考方式，與輸出時所展現的行為。

用這個方式就更容易理解這句話了。當一個人面對眼前的事件，他的思考方式會決定了行為反應，而這些外顯的行為，會進一步決定這些事件的結果，這許許多多的結果累積起來，就決定了一個人的命運。

相對於凡事都已經是天註定、不可改變的宿命論，這個看待命運的方式，似乎還樂觀了一點。那代表的是，如果你不滿意現在自己過的人生，試著改變性格和所展現的行為，或許就能夠讓你的人生變得更像自己喜歡的樣子。

除了不能選擇的遺傳基因以外，所受的教育、身處的環境，還有從所有人生起伏中學到的經驗，也都是共同刻畫出一個人性格的因素。既然參雜了DNA以外的影響，那麼人就是能夠被改變的。

從腦神經科學的角度來看也是如此。所謂的思考，就是你的腦神經細胞如何傳導、組合出訊號的結果。透過經常性地使用或訓練特定的神經傳導路徑，就能強化那樣的思考方式，進而變成那樣的人。

比如說，你本來是個不擅長社交的人，每次進到需要交際應酬的場合就會覺得不自在，但透過學習破冰話術、觀察談話對象，或應對話題的技巧，你可以獲得初步化解尷尬狀況的技能。接著再透過逐步的練習，從人較少的場合開始，慢慢進展到習慣多人聚會。不需要成為長袖善舞的社交大師，但至少能不再像小動物一樣容易受驚嚇。

又或者是以我自己為例。

幾年前的我，個性其實充滿各種缺點——暴躁易怒、地雷滿滿。因為有點小聰明所以驕傲固執，聽不進別人不同的意見和想法，甚至會故意嘲諷他人表現不佳，偶爾甚至會為了促成想要的結果，對在乎自己的人情緒勒索。

回顧當時的生活，其實遭逢很多挫折。做什麼都不順，也沒有什麼比較好的朋友，畢竟誰想跟脾氣差又滿滿負能量的人一起工作和生活呢？

後來，除了老化以後，大腦的情緒反應沒這麼過激了，更重要的是，那些實際的挫折讓我不得不反思自己的態度。當我意識到，如果繼續維持同樣的負面思考，我的下半輩子，應該有很高的機率會繼續糟糕下去。

世界不會因為我抱怨得特別大聲就變成我想要的樣子，能夠控制的改變，只有自己。

當然，所有改變都是不容易的，更何況是十幾年來養成的習慣和行為舉止。一開始有點辛苦，也有點不知所措。有時候覺得會不會太溫順，有時候又懷疑自己太過討好。但是在慢慢嘗試改變的過程中，逐漸會收到一些好的回饋。

我發現身邊的人好像沒這麼討厭我了、和大家共事合作的時候，好像變得比較順利了、每天下班回家後，心情也不再像過去一樣憤世忌俗到疲倦。漸漸地，本來有稜有角的個性被打磨掉了許多。

直到近年來新認識的朋友或同事，聽人講起我以前凶起來和人吵架的樣子，都會覺得難以想像，根本是不同人的程度，甚至可以小小驕傲地說，有些人還會覺得我有點暖呢！

改變，需要決心，更要有行動。

當你能夠掌握自己的性格，那你的命運就已經是操之在己了。將內心的痛苦轉換成能量，為了自己的幸福與快樂蛻變吧！

好生活練習——你覺得自己身上最難改變的習性是什麼？
它有造成你的困擾嗎？

忌逃避

Don't bury your head
in the sand.

人生不會總是一帆風順，
但也沒有糟糕到毫無希望。
無論在什麼情況下，
打起精神、堅定往前，
每走一步就多一個改變的機會。

前陣子到一位好朋友家裡玩小孩。說實在的，看著兩個小毛頭，從媽媽肚子裡兩毫米的胚胎，一路不停歇地長大到現在會跑、會跳、會說英文、會編故事、會背《正氣歌》，還會吵架互毆，實在是一個頗為超現實的體驗。

大人們叫了豐盛的外送，邊吃飯聊天，邊看著他們倆在客廳裡暴衝。有時候，追趕急了，不小心跌倒或撞到牆，我們看了都有些心驚膽顫，兩個孩子卻總能像沒事一樣，拍拍屁股，自己站起來，然後繼續邊尖叫，邊衝向浩瀚宇宙的另一頭。

抬頭看看現在的他們，再轉頭看回現在的自己。

其實我們每個人小時候，一定也都是這樣充滿不怕痛的勇氣吧？

從在地上爬行的人形拖把，逐漸進化到踉蹌學步。一開始，一定都會跌得很慘。有時候摔得疼了、傷了，還要滿臉通紅、哭天搶地地找媽媽。起先要人抱、要人拍拍，慢慢進步到拉著大人的衣角尋找支點。最後，再變得像是習以為常般，不用人扶也能不吭聲地自己站起來，不小心跑出來的鼻涕和眼淚，更是隨便拿袖子擦擦抹抹，就能再次掛起笑容，繼續迎著朝陽奔跑。

• • •

已經身為大人的我們，依然會在生活中跌跤。但我們是否還保有孩提時，那種不知困難為何物、不管倒下幾次都能一再爬起來的勇氣和力量呢？

面對挫折，向來不是容易的功課。多少挫敗、多少心灰意冷、多少個想睡卻不能睡的夜、多少次足以摧毀理智的失去？只是，跌倒雖然痛，卻也是幫助我們最快成熟起來的方式。

問題是，現在的我們，還能不能多給自己一點勇氣跌倒呢？

雖然必定和單純的孩子們不同了，大人們摔跤，可得要學著摔聰明點。在哪裡跌倒，就在哪裡趴著休息一下，等休息夠了，還是要原地爬起來。不管受什麼樣的傷，日子總要繼續過下去的。但請記得，不只要抓把沙當成勳章，更得記得不要在同樣的地方跌跤。

• • •

人生的坑，不會因為你摔得有經驗就比較不痛，但只要你有勇氣前進、跌倒、成長，現在所有的痛苦，最終都會被美好的果實取代。

好生活練習——

在過去的幾個禮拜中，你最不想面對的事情是什麼？

為什麼它會讓你感到痛苦呢？

宜敬時 愛日

Cherish the days.

每個人一天都擁有二十四小時——
這是世上唯一公平的事。
你把時間花在哪裡，
人生就會成為什麼樣子。

開始工作到現在也好幾年了，從剛畢業時，菜味飄揚的公司小員工，一路慢慢成長到肩負起帶人的任務。每天朝九晚五相處的團隊中，總會有那麼幾個認真積極，卻又對未來職涯感到焦慮的年輕同事，於是在日常中一對一聊天的時候，偶爾就會被問起這個問題：

「我想變得更厲害，到底該怎麼做呢？」

通常這種時候，我會先問一連串的問題，試圖釐清他的成就動機。例如，對他來說，成功是什麼？什麼樣子才叫厲害？有沒有嚮往的模範？又為什麼想變得厲害？

接著，我們會討論到工作上可以調整的地方、哪些事情是他已經做得很棒、值得努力放大，哪些部分是可以再加油的，避免木桶效應限制了發展，又或者是有哪些地方是身為主管的我，能夠再多幫助他的。

但是，在討論完上面所有的話題以後，我最後一定會再問一個問題：

「你不上班的時間，都在做什麼呢？」

• • •

工作占了人生很大的一個比例，也確實是重要的自我實現路徑，但我更相信那些不上班的時間，才是決定你整個人生模樣的關鍵。

一天二十四小時，扣掉八小時上班、八小時睡覺，再排除吃飯、通勤、短暫休息的時間四小時，所以每個上班日還有四小時能運用，乘上五天就是二十小時。一個週末有兩天，一樣扣除吃飯、睡覺、休息還剩十二小時，所以共二十四小時。全部加起來，相當於一週有四十四小時的自由時間，占一週七天一百六十八小時的百分之三十九，比標準的四十小時工時都還要多，甚至都足以讓你拿來發展另一份職業了。

所以，你每個禮拜這四十四小時的自由，都拿來做什麼呢？

你可以選擇加班，讓累積的工作時數化成你的專業經驗，多出來的加班費也是收入來源。但如果你期望在工作之外，創造更多成就和可能性，該如何善用這些多出來的時間，就會是很重要的關鍵了。

比如說，拿來加強專業知識與技能，上課、看書、聽演講，把實際所學運用到工作中，相對於直接從工作學習，這些額外的成長經驗值，會讓你更快追上本來比你厲害的人，更快進入你想要的下一個職場階段。

又比如說投入在興趣愛好上，可以是烹飪、手工藝、文字、影像、音樂、運動，任何你喜歡的事情，甚至經由刻意練習，將興趣發展為另一項專業技能。於是你不但能在閒暇時刻享受興趣帶來的快樂與放鬆，還可能因此開拓出不一樣的職涯，哪天想離開原本的職場環境，除了工作以外，還可以轉職成 YouTuber、教練或創作者。

就拿我自己來說好了，原本不過就是個普通的上班族，在因緣際會之下，開啟了創作之路，獲得了你的支持、出了一本書。這不就是超級珍貴的一件事情嗎？

但話說回來，我也並不鼓勵把所有的時間全部塞得滿滿滿、把自己逼到極限。人生，還是有那些自己之外的重要面向要照顧，也得為自己留點喘息餘裕。不管是和情人約會、陪伴家人朋友或帶狗散步和擼貓，只要能幫助你找到人生平衡，那就都很好。

好好把握與規畫每天的時間吧！釐清優先順序，保留時間與注意力給真正重要的事。

你把時間花在哪裡，人生就會成為什麼樣子。

好生活練習——

仔細回想最近的一個月，

都怎麼安排自己的休假日呢？

宜撐下去

Hang in there.

雖然挑戰這種東西，
跨過了一個，一定還會再有一個，
但所有的痛苦、焦慮，
在堅持著信念走過以後，最終都會被遺忘。
留下來的只會是你更精采、美麗的人生。

在英文裡面，fate和destiny這兩個不同的單字，同樣翻譯成命運、同樣是形容我們怎麼看待未來，但背後卻有大不相同的含義。fate代表的命運，是冥冥中不可改變的，現在正發生的一切，早已是上天計畫中一部份的決定論。

destiny代表的命運，則是在相信命定的同時，也相信自己的行動，在老天的計畫裡也扮演了重要的角色。你的選擇，不只推動著自己的命運前進，更有扭轉劇本的決定性力量。

如果讓你選，你會相信fate或destiny呢？

在心理學中有一個理論是將人的特質分為兩個面向：「外控者」與「內控者」。

外控者，傾向將事件的結果歸因於外部的力量。相信不可改變的命運、相信已經發生的過去事件決定了一切、相信環境的影響力遠大於渺小的人類。所以即使再努力，都沒有什麼能夠撼動改變的了。

內控者，傾向將事件的結果歸因於自己的付出。相信所有事情的發展，都有能夠控制的地方，不論結局如何，都是個人從以前到現在，所有努力與不努力累積出來的成果。表現好，是做對了很多事情後的水到渠成；表現不好，則是過去到現在一定曾錯失了一些重要的關鍵。

每個人的性格中，多少都同時有這兩種成分，只是光譜上位置的差異，沒有對錯優劣之分。

對我來說，如果要我相信未來的命運早就已經是被宇宙決定好的劇本，那我應該會崩潰吧！因為這句話背後隱藏的意思就是從過去到現在，你所付出的辛勞都無法改變什麼。那樣的人生，好像也太沒有希望了。

真要講起來，我其實不能算是一個很樂觀的人，甚至是偏悲觀的。我並不相信保持樂觀，生命就會溫柔待你，在過去日子裡真實跌過的跤，個個也都赤裸裸地警告我努力並不一定會保證有回報。但是我從這些經驗當中也學到，雖然努力並不保證有回報，但如果完全不努力，那就真的連獲得回報的機會都沒有了。

生活就是會扔給你很多很瞎、很爛的事，要不是飛來橫禍的倒楣運，要不是再小心都避不過的坑。但即使是身在水溝的暗無天日裡，我依然相信保持正面積極的態度和行動，終究可以把你從泥淖中拔出來，而且如果持續尋找希望，生命不只會把你拔出來，還會把你刷乾淨後，送你一件新衣服，讓你可以昂首闊步地繼續向前。

但這所謂的正面積極，不管是行為上的能力或心靈的抗性，都需要付出行動，在天天月月年年的刻意練習之中慢慢掙來。

所以，如果要說這是有點不得已的也無妨，我始終選擇成為一個相信命運由自己掌握的內控者。

你呢？

好生活練習——你認為自己的外控者和內控者性格，各占了多少比例？又會對你的人生帶來什麼影響呢？

忌自我懷疑

Overcome self-doubt.

正是因為感到渺小，
所以你才會想要成長、超越，
成為一個更好的自己。

當我們面臨危險的時候，會想逃開是很正常的反應。但你有沒有經歷過明明眼前掉下一個難得的大好機會，卻忍不住開始懷疑起自己，覺得這一切好到很不真實、機會不該屬於自己，反而因此想要回絕，甚至逃避這個自己明明已經嚮往很久的選擇呢？

• • •

心理學家提出了「冒牌者症候群」的現象。它指的是一個人即使已經具備了外界客觀評斷的優秀表現，卻仍然堅信自己的成功只是因為運氣、時機或他人的抬舉，而非個人努力的結果。

這樣的人常常會因為擔心自己實力不足的事實被揭穿，於是過度努力到把自己逼得疲憊不堪，或因為害怕，於是拒絕了應得的成就，因此錯失向前一步的機會。

我身邊就有這麼一位深受其害的朋友。

她在工作上向來用心積極，面對不熟悉的新領域可以很快就上手，與同事們的溝通協作也都相當順利，所以一直都頗受老闆重用。就在工作滿三年的那天，公司決定升她為部門的主管。

聽見好朋友的努力獲得了肯定，正想舉杯好好慶祝的時候，她卻愁眉苦臉地說起心中的煩惱。

她說，有升遷的機會當然很開心，只是突然間被賦予了全新的身分。雖然薪水和職稱都有了相對應的提升，可是隨之而來的責任和壓力也理所當然地跟著放大了好幾倍。心裡沒有太多期待，更多的反而是緊張與不安。

擔心自己的專業能力不夠，沒辦法扛起團隊的業績；擔心自己從沒學過管理，尤其是下屬們都是本來平起平坐，一起吃午餐的同事們，如果他們不服該怎麼辦；擔心最後搞砸會被責難，沒面子以外，也辜負了老闆當初的期待。在連續失眠了好幾夜以後，還興起了要跟老闆推掉升遷，甚至離職換工作的打算。

本來是肯定能力與成就的升遷，卻換來對自己信心不足的負面無底漩渦，我相信這不單是我，也是她與老闆始料未及的驚嚇結果。

• • •

其實，任何人面對生活中的新挑戰，會先感到焦慮都是很正常的，而且這其實是一個好現象，先別談自己的能力是不是足夠應付，至少這份焦慮的心情，代表了你在意這項任務，總比毫無反思能力，甚至擺爛好吧？所以光是有意願認真面對問題，並尋找解決方法，本身就已經是一件很棒、很值得鼓勵的事情了。

其次，你需要理解，即使是天才，也會歷經初出茅廬的新手階段。沒有經過訓練和挫折，即使具備潛力，也不見得能夠被看見。檯面上你所看到的厲害的人，不管是成功的企業家、令人敬佩的自由創作者，甚至是近在身邊，成為你工作典範的優秀前輩，他們也都曾歷經滿身菜味的時候，只是私下咬牙努力時，沒被你看到而已。

• 試著多肯定自己吧！當別人認可你的能力，就像老闆選擇升你為主管而不是其他人，也就相當於是信任你、為你的能力背書，那麼，你是不是願意接受那些真實存在於你的價值呢？

好生活練習——如果從沒有主持經驗的你，被指定擔任一場重要活動的主持人，你會接受還是拒絕呢？

宜讓子彈飛一會兒

Things take time.

就像熬雞湯一樣，
不管你是掌勺的，還是負責吃的，
所有好事情，都需要你的耐心等待。

前陣子針對工作上有一個新的調整，對於「耐心」這兩個字，重新有了很深刻的體會。由於本來是局外人，所以少了預設立場，再加上過去剛好有一些搆得上邊的相關經驗，仔細研究後便一口氣對這項由我接手的工作，產出了不少可以嘗試看看的新策略和想法。但偏偏不管從團隊可用的人數、時間和經費來看，資源都很有限，所以每個決策都只能在限制框架中，選出當下最有影響力的一、兩件事情來做。

從主管到我的團隊，再到我個人，每個角色都急著想看見成果，但就是必須等。規畫需要時間、規畫完的討論需要時間、討論完要執行需要時間、執行後到看見成果需要時間、依據成果調整優化到對的方向也需要時間。能夠在幾天、幾週內發展成果都算快，以月、季、年為單位，其實才是常態。

有些事，慢慢來，會比較快。

急也沒用的，你必須要耐心等待，保持冷靜別慌了陣腳。在前進的過程中，如果太過倉促地不停改變大方向，反而會讓過多的改變都攪和在一起。即使最後完成了，也可能會因此無法判斷哪件事情是做對還是做錯。就有點像進行化學實驗一樣，設定不變的對照組和改變的實驗組，一次調整一個變因，看看會長出什麼東西，接著依照結果，調整下一輪的決策。

不只是工作上，生活中的所有進度與改變，也都需要你耐著性子。

就像是你把釀酒的所有材料都湊齊了，還是得交給時間去發酵出最好的成果。在等待的期間裡，你所能做的就是繼續精進自己的專業知識，然後定時從桶中抽出一點原酒液，確定沒有被壞菌入侵導致整桶報銷。

就像是你渴望改變身材，不是說今天開始運動外加調整飲食，summer body 就會當天立即回歸。你的身體，需要時間與壓力來逐漸累積養分並發展。

就像是燒一桌菜。買菜、備料、依序下鍋、開火、撒調味料，然後等它熟。你急、頻頻催促，每三分鐘開蓋檢查，反而會讓好不容易凝聚的火力溢散開來，以致於燉煮得更慢，不然就是硬轉大火，最後落個外焦內不熟的下場。

• • •

我們往往會高估一件事情短期的效果，卻低估了長期持續累積的能量。

如果是你真心相信的好事，那就是值得等待。

工作、健康、興趣、生活、感情、人際關係，這些都是。以終為始，去思考自己要走向何處，實際投入時間與心力去經營，在過程中依據真實情況調整方向，保持審慎樂觀的信念，然後抱持著耐心，等待開花結果。

你想要的理想未來並不是不來，只是時候還沒到而已。也許，你就是朵得等到冬天才能開成的花呢！

好生活練習——

最近讓你最急切想看到成果的事情是什麼？

你又是怎麼規畫這件事的呢？

愛情的之所以

The Reasons of Love

宜日日好日

愛情是衝突的綜合體，
要有好多複雜的元素加在一起才會有化學反應，
但同時卻又簡單到不行，
是任何原因都解釋不了的傻裡傻氣。

宜為愛而生

Born to love.

我們都因為收到了很多愛才活著；
因為給出了更多愛，
所以才活得幸福。

在過去很長一段時間裡，我對於生命意義的理解，一直都帶著些許虛無主義的色彩。反正幾十年之後，我們的生命終歸會凋零，生不帶來、死不帶去的，沒有規律、沒有祕密，也沒有目的。既然如此，那麼現在似乎也不需要太努力了，反正我們最終也都會消逝在宇宙塵埃中，成為一片虛無。

偶爾也會有稍微積極一點的時候。想著：既然生命的終點沒有意義，不如把注意力放在過程上，並且親自賦予生命存在的價值。想怎麼活？每天醒來的目的是什麼？做什麼事才會感到開心？如果能夠在這短短幾十年間，奮力完成自己設定好的目標，這樣的生命總該算是有意義的吧？

只是，又過了許多年的現在，如果再有人問起我關於生命的意義，我想我會回答：

「人是為愛而生的。」

我們都是在愛裡成長的。不管在原生家庭中是否過得一帆風順，都必定擁有過來自父母、長輩給予的物質與心靈灌溉。不只如此，朋友們的支持、情人無微不至的關心，甚至分你零食、邀你訂飲料的同事照顧。這些愛有大有小、有近有遠，但無論如何，都是別人給予的滋養。

至少要感受曾經被無私地愛過，才有辦法開始學會如何無私地愛人吧？

人是很奇妙的動物，最快樂的時候，通常都是那些只為他人，而忘記自己的時刻。看到身邊重要的他開心的時候，你會跟著微笑；他難過的時候，你會想方設法替他打氣。因為生命裡有了另一個和你同等重要的人存在，所以你等同於擁有不只自己一個人的生命，還承擔起一些其他人的重量。而他們眼中所見、心中所感，也將成為你感知向外的無限延伸，使你的世界更加豐富多采，於是你因為給予愛，而感到幸福。

因為獲得了無條件的愛，那些寬恕、同理、溫柔、包容，開始因為自己的真心喜歡，所以想用心過好每一天，而不再是因為害怕被丟下而死命奔跑。

因為給出了很多愛，所以你知道自己其實一點都不糟糕。有好多人需要你、尊敬你、重視你並且愛著你。而他們感受到美好時最真實的笑容，每次都能讓你的喜悅加倍再加倍。

所以，為愛而生，這樣的心靈平靜與滿足，不正是人生最好的意義選擇之一嗎？

謝謝你找到躲在高牆後的我，是你讓我知道原來我值得被愛，陪我學會看見身邊原來有很多愛我的人，然後牽著我重新學會如何去愛。

謝謝你，我愛你。

好生活練習

你在純粹的付出中，曾感受過充實的快樂嗎？
那其實就是你能夠愛的證明了。

宜想見你每一天

Love to see you everyday.

從那一天起的每一天，直到永遠，
我一定都會陪在你身邊。

你還記得讓生命再也不同的那天嗎？

我記得很清楚，那是一個寒流來襲，溫度下降到九度的冬天晚上。你和那一位覺得有點曖昧情愫，卻不太確定到底對你是哪一種喜歡的他出去。因為是頓臨時起意的晚餐，所以你挑了間還滿喜歡的路邊小麵攤，兩碗乾麵、一碗湯、一盤小菜。天很冷，心卻和麵一樣暖。

你們和平常一樣聊得開心，從遙遠童年時原生家庭的衝突，一路說到有點辛苦的長大過程，還有好久以後不知道會不會實現的未來藍圖。用完餐，明明是該回家的時候，卻一直捨不得分開，兩個人默契地找起各種藉口，在街邊晃來晃去。時間越來越晚，天也越來越冷，好不容易下定決心該說再見了，臨走前禮貌的擁抱，卻一抱，抱成了永遠。

從此以後，那間裝潢和浪漫完全搭不上邊的麵攤，成為了不管幾顆星星都追不上的世界級美食；而那個本該平凡無奇的一天，則成為了你人生中最重要的一天。

• • •

人生就是這樣難以預料的吧？

只需要一天八萬六千四百秒中，二十秒義無反顧的勇氣，跨過了本來不知道能不能跨過的線，接著兩個人的生命軌跡就此重合，然後往從未預期的方向一起前進。

在那一天之後，所有過去背負的不安與自我懷疑，好像都不復存在。不再有不知道什麼時候才能再相見的焦躁，也不再有害怕分別前的依依不捨。取而代之的是承諾、安心、力量，是當面說早安和晚安而不再需要隔空傳訊息；是確認了擔任彼此心中最重要位置的意願；是知道不管去了哪裡都會有另一人的支持與陪伴；是意志堅定，真的真的永不放開的永遠。

愛上你以後，常常會覺得很不可思議。本來以為想都不敢想的美夢成真了，但成真了以後也才發現，原來在現實生活中，愛一個人這麼多、這麼深的時候，是可以比所有曾經在夢裡、書裡、電影裡所幻想過的浪漫情節，都還要更美、更好。

謝謝你找到我，也謝謝那一天，我們的各自勇敢。

好生活練習——

還記得你們在一起的那天嗎？

能回想起當時的感受嗎？

宜把握命定

Seize your destiny.

當遇見那份愛的時候，
你會在一個平凡無奇的瞬間，
知道這就是最好的安排。

和他在一起以後，我開始相信愛情是有命中註定這回事。

你以為經歷過了幾段戀情，經驗值應該很夠了。熱烈的、冷靜的、相似的、相反的、形形色色的。可能還盼望著，卻也可能已經不抱期待。想著應該已經看透了愛情的模樣，再也沒有人能引發非誰不可的悸動——直到遇見了不經意出現，卻就此掀起人生波瀾的他。

你相信自己已經不是能隨意揮霍青春的年紀了，也不想再受一次令人無法呼吸的心傷，於是你訂下一些原則好保護自己：這樣的個性可以，加五分；那樣的行為不行，扣三分——直到遇見打破你所有規則都想要在一起的他。

愛情沒辦法有如果，只有現在。

不知道該說幸或不幸呢？人類還未擁有改變過去與窺探未來的時光機。如果真的回到過去了，或許有些如果會更好，卻也有些如果可能會更糟，而你永遠不知道回到過去改變的，會產生哪一種如果。

如果沒有那些崎嶇，你們可能不會是現在適合彼此的模樣；如果沒有鍛鍊得堅強，他可能沒有現在能接住你的溫柔；如果沒有過去熬出的苦，你們可能不會記得珍惜當下愛著的甜；如果沒有那些失足與錯付，可能不會懂得如何真正走進彼此的人生。

而這所有一切，也只有當你遇到了以後才會知曉，原來過去不情願承受的所有傷痛，都是為了將來的更美好而必須經歷的淬鍊。

可是當下，誰知道呢？

能夠第一次就遇見真命天子或真命天女的，算是極少數幸運的人類了吧？

大多數的我們，就是必須繞呀繞地，繞過那些必然。認識一些人、經歷一些事、送走一些悲歡離合。或許，依然乘載著放不下的成全，還留著無法結痂的傷口、還帶著對愛情滿滿的困惑與不信任。直到你發現這些星星點點，全都串起來，指向命中註定的那一天。

於是你才恍然大悟，原來應該要相信現在的相遇。不必嫌太早，也不必嘆太晚，有幸遇見了，就好好把握，因為這一切，就已經是命運所能安排的最好。

總是對於能在千萬人之中找到彼此懷抱感激，不管繞得多遠，又踏過多少泥濘，謝謝你找到我，未來也還請讓我和你一起繼續欣賞人生風景。

好生活練習——

那位讓你決定丟掉計分板的人，
已出現在生命中了嗎？

宜一起進步的愛情

Love that encourages growth.

曾經歷過愛情，又或是現正熱戀中的你，
有沒有因此成為一個更好的人，
更喜歡現在的自己呢？

在好日曆的信件匣中，曾經收到這麼一封讀者來信。

有點苦惱的她說，和男朋友交往了幾年，一直以來都還算穩定開心。但是最近兩人的相處，開始出現一些難解的衝突，也發現兩人在腦海深處的許多價值觀，例如金錢、家庭，甚至是未來想像，其實都大不相同。於是開始對兩個人的感情狀態感到困惑，也猶豫是否該繼續下去。在挫折中，不禁開始反思，究竟自己想要的是什麼樣的關係？對眼前這個男人，還存在著的依戀究竟該怎麼辦？自己年紀也不小了，和他繼續交往下去，最終的結果會不會是虛擲人生呢？

健康的愛情，應該是要有雙向的流動，和一個人玩也能興奮飛高高的鞦韆不同，得像蹺蹺板一樣，兩個人互相配合，總是傾向同一邊的話絕對很無聊，甚至令人懼怕，兩個人一起輪流拔高、下墜，這場局，才走得下去。

你很愛他、他很愛你；你對他好、他對你好，然後你們兩個像是在比賽一樣，總是努力想著如何讓對方更好，希望他平安喜樂、身體健康、開心自在、活得有成就。當看見對方活得精采的時候，也一定是你最開心的時刻，然後真心期待兩個人一起的將來。

這樣的進退來回，不只是互相扶持鼓勵，在愛情中的兩人互動，更是促進一個人成長成熟的最佳動力，甚至有時候覺得，那或許就是複雜跌宕的愛情感受，沒有被生物進化給淘汰掉的最重要原因了。

愛情中的冷暖，向來是主觀的評斷。你可能會看到一個人好像在關係中過得很辛苦、疲累，但其實他甘之如飴，每天早上都是笑著起床的；也可能你以為他擁有的一切，看起來完滿到令人欣羨，但真實的內心卻是空虛、寂寞，無人知的滿滿煎熬。

所以給這位讀者的回信，如果濃縮成一句話，其實就是一個反問：「和他在一起，你有沒有因此覺得自己更好呢？」

對所有在情海中沉浮的男男女女來說，這道題目是步入感情前、中、後，都需要好好思考的問題。你可以找一個安靜的空間，好好地問自己：和這個人在一起，是不是真心感到滿足和平靜呢？在他身邊的時候，是否能發自內心地笑？雖然痛苦卻不想分開，是因為依賴、害怕失去，還是因為真的很喜歡、很愛，所以願意克服一切苦難，主動選擇繼續在一起？

而最重要的是，你在愛情中還活得像你自己嗎？

• • •

一段感情，絕對不會只有喜樂甜膩，但是在經過了那些酸甜辛辣的打擊後，兩個人是否會因為了解彼此更多，而越來越緊密呢？是不是能在爭吵中，學會道歉、學會尊重、學會溝通？又或者很可惜地在一次次的烽火中，消耗掉了自我與愛呢？

如果以上的問題你都想清楚了，那麼或許還愛不愛、是不是該繼續在一起，你心中的答案，也就呼之欲出了。

好生活練習——

在現在的這段感情裡，
你依然是本來的你嗎？

宜互相療癒的愛

Healing power of love.

正是因為彼此都不完整，
所以我們才能在愛情中學會溫柔相待。

我很喜歡一個對愛情的比喻：戀人們，就像冬日裡瑟縮在一起取暖的兩球刺蝟。靠得太近，容易刺傷彼此；離得太遠，又會感到寒冷孤寂。

每個人身上多少都帶了點刺；活到這個年歲後，也多少帶著點仍隱隱作痛的舊傷。

於是當這兩個生命開始嘗試貼近地一起生活時，不會只有純然的幸福溫暖。你們只能在一次次相擁後的受傷中，學習該怎麼做才不會把對方刺得滿身是血，小心翼翼地一點一點挪移尋找著，哪裡才是讓彼此靈魂嵌合到最深處的最佳角度。

就像兩隻硬碰硬的刺蝟，如果只有堅強，那愛情可是沒辦法成立的。可是，要坦然地對著另一個生命體露出肥軟的肚子，那該是多麼令人不安的一件事情？

如果沒抱著流淚的打算，那麼或許你一輩子都難以和另一個人產生真正意義上的羈絆。

試想看看，如果不知道最無防備的你長什麼樣子，即使遇見了一個很愛很愛你的人，可是不會心電感應的他，又該要怎麼學會用最適合的方式愛你、照顧你呢？當所有關心都像隔了層紗，到不了點上，你又怎麼有辦法在關係中感到完全地安適自在呢？

因為敞開了自己，在給出信任的同時，其實也雙手奉上了被傷害的可能。可是也只有在放下對外人的面具和防備，露出自己最真實，卻也最脆弱的一面後，你才能真正開始，學會愛與被愛。

把自己全部給出去，這或許才是最深刻的愛情了。

我們都得在互相傷害的同時，互相療癒著。

並不是因為兩個人已經完美契合了才相愛。那些原本就存在或不小心被製造出的新缺口，都是為了更好地進入彼此的生命中。

那些當下很難受的黑暗時刻，其實是在指引我們可以怎麼改變才能更好地溫柔相待。

因為愛，所以痛會特別痛；因為愛，所以復原總是特別快；因為愛，所以你們從來不會想要放棄；因為愛，所以更加愛。

越是看見你堅強和完美底下脆弱的一面，越是覺得你的懂事和體貼令人心疼。以前是你治癒了我，現在換我來療癒你，謝謝你讓我進入你的生命裡。

好生活練習

在伴侶面前，你願意卸下所有武裝，
表露最真實的自己嗎？

宜寵壞

Spoiled by love.

獨立、自由、互相依賴，
偶爾不惜將你寵壞，
就是我永遠愛你的方式。

愛情，是一種堅強和脆弱並存的矛盾綜合體。

大部分時候，不管是面對別人或者面對彼此，你是一個可以獨當一面的大人。有夢想、熱情、計畫、方法、勇氣、知識、專業，就算偶爾面臨些許沉重的挑戰，需要一點時間從打擊中振作起來，但是終究都能靠自己的力量回神，不需要其他人掛心，總是獨立地把自己打理得很好。

可是，在那個好愛你的人眼裡，總能夠同時看到你的光與影兩面。

你的可愛和脆弱就像個孩子，所以

他總是想要用盡全力照顧你。餐點剛上桌，怕你餓扁，顧不得自己吃，馬上就想餵給坐在對面的你嘗一口；就算自己手裡已經提了一堆很重的東西，卻還是滿腦子想著要從你手上多搶走一袋。不只顧好你的身體健康和起居，連心情也都要熨得服服貼貼，有時候眉頭稍稍一皺，連話都還沒說出口，人就屁顛屁顛地黏過來，滿手零食準備餵飽你，還一臉擔心地問「怎麼了」。

正是因為好愛好愛，所以才無時無刻不想把你給寵壞。

知道一個人的時候，自己可以過得很好，但還是選擇克服萬難，嵌入彼此的生活。心甘情願地想為對方做好多事，因為你們是如此地深信，只要是兩人在一起的未來，絕對會比只有你一人精采好多倍。

其實你不需要這樣的無微不至，但你享受這般寵愛，而他也是。

就算偶爾任性、撒嬌、無理取鬧，但是在溫柔的他眼中，也都是完全沒關係的。於是你知道，不論表現得堅強或脆弱，他會接受你所有的樣子，也會真心喜歡你所有的臉孔。

於是，你在愛情裡得到了很多勇氣，也終於願意放心地成為自己。

或許我們在愛情中尋尋覓覓的，其實就是那個願意接受你的一切，總是在你最糟的情況下，看見你的好，並且依然願意無條件地和你繼續走下去的那個人。這應該就是最令人安心的愛情了吧？

好生活練習

什麼樣的行為或小動作，會讓你感到被寵溺呢？
你也有這樣對待過另一半嗎？

宜無條件的愛

Unconditional love.

不是因為你很美好，所以我才愛你。
是因為我愛你，
所以你的一切都是如此美好。

你相信愛可以是無條件的嗎？

講白話一點，你對另一個人所付出的愛，僅是因為「他」是「他」而愛，還是因為他能滿足你許多需求，所以才愛的呢？

有時候，我們會在愛裡夾雜許多的「應該」——應該要長得好看、應該要認真上進、應該要善解人意、應該要提供生活的富足保障……其實不單是愛情，在所有的感情裡，都有可能發生，就像某些長輩可能會在無意間透露身為孩子的你，要品學兼優、孝順、有美滿的家庭和一份好工作，這樣才是好女兒、好兒子，才值得被疼愛的這種話語。

這種形式的愛，好像成了附加條件的情感回饋。

曾經有心理學家將愛分成了兩種：有條件的愛和無條件的愛。

有條件的愛，是一種價值交換。因為你做到了這些，所以我覺得你很好，所以我才要給你我的愛，否則就要收回。於是你對另一半會有很多相應的期待——回家不能癱在沙發上耍廢，要幫忙做家事、不能整天打電動，要多為自己的職涯付出心力、帶出去要有面子以外，還得表現出無條件支持伴侶的完美模樣。如果有達不到的項目就開始扣分。你可能會因此感到生氣，覺得過去的付出不值得，甚至開始對對方施加更多的壓力，迫使他按照你的方式行動。如果以上的舉例，有任何一點聽起來像你，那麼或許你更愛的，是你心中描繪出來，那個想像出來的他。

無條件的愛，是愛一個人的本質。

當初，一定有許多因素讓你開始喜歡上對方，例如說話聲音很好聽、眼睛很美、認真的表情很迷人、心地善良、喜歡小動物，或總是有自己獨特的想法；但接著你會無條件愛上的，是他身而為人的存在，跟他的家庭、經歷、地位、收入、外貌等所有說得出口的條件，都沒有關係，也不會投射任何違背對方意願的想像和期許。

這份無條件的愛，甚至是帶著神性的。

這份最極致的關懷，是無論生老病死苦窮，多慘都不會改變的；與之相伴的承諾，是願意同甘共苦、願意一起面對生命中的所有挑戰。

只是別誤會了，無條件接受對方，並不代表雙方不能對彼此的期待進行溝通。兩個人在相處的過程中，一定都還是有摩擦碰撞，例如馬桶蓋忘記蓋回去、襪子亂丟在玄關、牙膏總是從中間擠。或許會因為輕忽，而說出傷人的話語；或許會因為價值觀有深層差異，而產生劇烈的爭吵。但即使生氣、失望，你還是愛著他，所以會願意在爭吵過後好好溝通，即使再困難也願意試著彼此理解，並且找出讓兩個人都更舒服的平衡點。

把愛收回，從來就不是你的選項。

當然，世間的愛，有百種面貌。有條件的愛和無條件的愛並沒有孰優孰劣，每個人都能做出自己的選擇。

只是請你想想，如果有幸在一生中，遇見一次如此純粹的愛情，那不是會令人感到無比幸福嗎？

願你也能和我一樣，找到讓你不再害怕黑暗，帶來希望與溫暖，如點點星火的那個人。

好生活練習——想出三個自己可能會讓另一半不喜歡的點，然後再想想，他真的有因此比較不愛你嗎？如果角色對調的話，你會嗎？

宜等待對的人

"The One"
is worth waiting for.

從來沒有遺憾過不是在最美的時光遇見你，
因為遇見你以後，才是我最美的時光。

年輕的時候，對於愛情，總是心存一套浪漫喜劇風格的劇本。

在某個場合上，兩個人奇蹟般地對上眼。交換微笑後接著搭上話，不只談得來，更對於人群的嘈雜有同等的厭倦。於是在濃厚的好奇之中，一整個晚上不停交換著各式各樣的價值觀，從日常、職涯、興趣、健康、金錢、喜歡的、討厭的、家庭關係，乃至於從出生到現在的所有愛情經歷。因為意猶未盡卻不得不各自回家，於是打開手機交換了社群帳號。一到家還沒洗澡，就先把他過去的所有貼文都掃過一遍，順便研究看看有沒有可疑的追求者。從緊盯限時動態找話題，慢慢發展成無話不談的知心好友；再從雲霄飛車般讓人受盡委屈的曖昧，發展為浸泡在酸酸甜甜粉紅色泡泡中的戀人。接著，想必也該是幸福快樂的日子了。

可是我們都知道，真實世界和上面的肥皂劇情，最少得差個十萬八千里遠，哪有如此完美浪漫的相遇、相知、相戀呢？這種單純簡潔到毫無煩惱的愛戀，放在給孩子們看的童話結局中，都拐不了他們相信的。

要承擔自我揭露的脆弱風險、要直面過去挫折帶來的信任陰影、要好好梳理從小到大養成的自我性格缺陷。甚至在某些時刻，你覺得自己這次一定是找到天命了，但在幾年後才發現，原來身為過客的他，只是為了給你留下一個畢生難忘的教訓。

•　•　•

在現實人生裡，究竟要跨過多少門檻，才能走得到一生二人，三餐四季，歲月靜好的那天呢？

經歷了這些年的人間洗禮，年紀有了點、腦袋成熟理智了點、解決問題的能力強了點、浪漫的戀愛腦少了點、行動力減緩了點、對人心無條件地信任卻也降溫了點，說不定還帶著些歷經滄桑後的灰頭土臉，於是你沮喪著自己已不是最精采的模樣。

但沒事的，愛情從來就沒辦法，也不需要是最完美的兩個結合。

有的只是很平凡又有點殘破的一個人，遇見了同樣平凡，也同樣有點殘破的另一個人。可能是在你覺得已經傷重到再也沒辦法去愛的時候，遇見了他，然後給了你足以治癒一生的可愛溫暖笑容。可能是在你愛著他的時候，他也恰巧愛著你，於是你們相互擁抱，舔舐彼此身上的傷，也相互扶持地前往成長路上，期望有那麼一天，能再一次牽手活出各自的完整。

在長長的路走到終點站，一定會需要時間和機運，但終究你會遇到一個純粹愛著你的人，一個願意在很長很長，比宇宙活著的時間都還長、始終真心對你的人，總是將你擺在眼瞳的正中央，永遠把你置中在心裡的那個人。

你不用成為最好的人，才值得最美好的愛，因為本來的你就已經很好了，而最好的愛的存在，也只是為了讓你好上加好。把自己的生活過好，繼續懷抱希望，等待那個對的人出現就好。

這時候你才會明白，那些各式各樣，比任何人都好的條件的他人，你也統統不在意。因為在你心裡，他早就已經是唯一的最好。

如果已經遇到了，記得緊握。一起在喜歡的日子裡相視而笑，你說好嗎？

好生活練習——找出一張你看著他的照片，
你能從自己的眼中看見愛的形狀嗎？

宜把愛說出來

Express your love.

我們很容易在生活的忙累中，
一不小心忘記彼此要溫柔相待。
不管再忙，都別忘了把你的很愛很愛，
親口告訴他。

在你們兩個人的親密相處之間，你喜歡說或喜歡聽到「我愛你」三個字嗎？

• • •

初識情愛時，覺得不管是自己喜歡或愛的心意，都是很私密、含蓄的情感。即使要在情人面前特別表現出來，都還是會感覺有些肉麻做作，甚至偶爾還會有些反骨高傲地認為，如果愛對方已經是理所當然的事實，何必特別說出來？這麼濃烈的愛意，卻沒辦法被直接感知到，還得透過刻意表達才能被接收，這不是顯得我有那麼點失敗嗎？

不過，可能是因為成熟了，可能是

因為遇到想珍惜一輩子那個好重要的人了，也可能是因為更明白人與人間的溝通眉角，我的想法開始有了一百八十度的轉變。

期待一個人自動心領神會你的意念是不切實際的。畢竟人類經過了幾百萬年的演化，卻依然很遜。沒能讀心、沒能心電感應、沒能對接神經的長頭髮，也沒能進化成完全理性判斷的生物。直至今日，我們都還是只能透過有限的眼、耳、鼻、舌、身，來探知周遭發生的事，包含愛人的情意。

所以，不管兩個人的愛有多深厚、濃情、接近，沒有將深深埋藏在心底的感情，用另一個人能接收到的行動或語言表現出來，對另一個人來說，你的愛就是不存在。

講起來是有點悲苦，但人與人的相處確實也只能這樣。就算你真的超級愛一個人，愛到願意為他犧牲一切、做任何的事，想要給他最好最好的愛、最無憂無慮的生活、最豐盛富足的日子，但在你拚命想、拚命努力的日子裡，卻因為壓力太大，所以成天板著臉不說話，每天花十六個小時埋首於工作，我可以保證，你的他很難在你的臭臉與顯著失衡的時間分配裡，搜索到你聲稱深深愛他的跡象。

偏偏在你們最忙、最累、最辛苦，兩個人最需要相互扶持、撫慰的時候，剛好也最容易因為腦袋裡的記憶體排擠，將已經習慣的相處模式，變成了自動導航般的理所當然。結果明明就愛意爆表，所做的每件大小事都是出於照顧和關心，結果對方卻感受不到。一個不小心，可能還變質成誤會爭吵，那實在是一件很冤、很可惜的事。

愛情的表達，就像是你來我往的拋接球，撇開兩個人天線不對頻的那種無法共振，即使認真努力傳達，對方都有可能漏接，甚至誤解，更何況是什麼都沒有表現出來的呢？

明明很愛很愛，另一個人卻感受不到，這絕對是世間最大的悲劇了。

美國作家 Gary Chapman 曾提出「愛的五種語言」，嘗試將互相表達愛意的方式，分為彼此獨立互無遺漏的五種實踐。

一、肯定的言詞（words of affirmation）：

用直率的言語告白，肯定對方的成就和表現，也給予外在或內在的讚美。真誠地表達對方很重要——說加油、說我想你、說我愛你，透過對方的聽覺接收，同時也在說出口時強化了自己的信念。

二、精心的時刻（quality time）：

在全心全意相處的時間裡，給予對方你所有的注意力。一起專心地吃頓飯、每天設個固定的散步閒聊時間，或是一週一次的浪漫電影之夜。甚至不一定要是什麼特別忙碌的約會安排，簡簡單單窩在沙發上，相擁著相視而笑，那就已經很幸福了。

三、接受禮物（receiving gifts）：

平常可以送些不貴的小禮物、小卡片，重要節日用心準備的首飾、皮夾或鮮花。用實體物品呈現出重視對方的儀式感，也給對方一個你不在身邊時，依然能思念的象徵物。

四、服務的行動（acts of service）：

幫對方完成他想要你做的事，或是本來他自己需要完成的功課。可能是煮飯、洗衣、做家事或工作上沒預料到的困難挑戰。重點是讓對方見證到，你願意為了他的需求，額外付出時間、精力、體力，因此感到被照顧、被滿足。

五、身體的接觸（physical touch）：

火辣辣的性愛當然算在內，但是在日常衣服穿好好的時刻裡，或緊或輕的擁抱、散步時的十指交扣、摸摸頭點下鼻子、按摩肩膀拍拍背。用觸感連接身體，用溫度流動情意。

愛他，就要讓他知道。

如果真的很害羞，也不曉得怎麼開始的話，試著寫一張小小的紙條吧！只要能夠傳達出去，很簡短的也就足夠了。

請珍惜那雙好不容易才牽起的手，既然是你生命中最重要的人，就一定不能忘了好好溫柔以待喔！

好生活練習——

你有多久沒對另一半表達愛意了？

你知道這些行動中，哪一種最能讓他感受到愛嗎？

宜在愛中找到自己

Find yourself
in love.

一段有意義的愛情，不只能帶給你心動與快樂，
更能領著你了解自己，
伴你長成屬於你的最美姿態。

關於愛情，曾經聽過一個很有意思的說法：

從生物學的角度來看，說到底，所有生命不論動植物，存在的價值都是為了生存繁衍。雖然在複雜的現代生活中，人類早已經超脫了遠古的山洞期，但是埋藏在DNA中最原始的機制，卻沒有改變太多。

生存對應到工作，是創造自我實現、是凝聚社會價值，也是讓我們有錢搞定食衣住行的源頭。繁衍對應到愛情，藉由與另一個人身體與心靈的結合，在激情中生育出下一代。尋求未來生活的安全保障，也創造能穩定撫養後代的環境。

所以，如果這個說法為真，那麼愛情占人生的地位，說是生命的意義或許也不為過。

偏偏這樣令人怦然心動的愛情，卻又帶著各種酸甜苦辣。是你一輩子所會遇到，最讓人神往的期待、最令人煩惱的痛苦，也是最能讓人成長的重要課題。

• • •

感情的難，一半來自理解另一個生命個體的天生不易；另一半，則來自每個人其實都並不如你所想的那樣了解自己。

你可能不知道壓力大時，你的眉頭有多緊；你可能不曉得自己想睡覺和肚子餓時，脾氣會這麼差；你可能不清楚自己原來被誤會的時候，會如此傷心憤怒；你可能也不明白自己真正想要的人生究竟長什麼樣子。

獨身一人的時候倒還好，就算對自己的內心不甚了解，反正一人飽全家飽，所有的情緒與困難，自己面對消化得完就好。你是宇宙的中心，生活中也只有「我」為關照的主詞。

真正成熟的愛情，才會需要「我們」。可是如果連你都不懂自己了，要怎麼讓他走進你心裡、用合適的方式對待你呢？如果連想要去的未來，你自己都不知道在哪，又要如何畫出更複雜的兩人份藍圖呢？更何況在兩人世界裡，還會有很多大大小小的決定。小從晚餐吃什麼、大到新家裝潢長什麼樣，甚至更遙遠的結婚生子、退休終老。如果在這所有的事情裡，總是只有一個人的聲音被聽見，那麼，久而久之，你也只會在愛情中迷失。

最終，不得不回到那與他人再無關係的生活狀態。

• • •

要學會愛人，你必須先愛自己；要愛自己，你必須先了解自己。

挖掘自己的內心，重溫自己曾受過的傷與黑暗，甚至還要將這些脆弱的一面暴露給另一個人類知曉，這確實是令人擔憂的。可是過程雖然可怕，但也請你放心：真正對的人，會是那個能接受全部的你的人。

接受你的好與壞，陪伴甚至引導你，於是你才得以在愛情中成長，並且找到更多、更好的自己。

沒有誰該要背負起誰，並不是因為有另一個人替你填上了缺憾，所以愛情才完整，而是你們在愛情中，因為彼此的存在、溫柔的包容、良善的理解，所以在各自獨立中，一起安好、找到獨一無二的生命意義、找到屬於兩人真正的快樂與平靜。

好生活練習——

跟他在一起後的你，是越來越喜歡自己，還是相反呢？

宜磨合

Love's learning curve.

在一段關係中，有爭吵是很平常的，
但雙方有進有退、一起變好，才算是「磨合」；
不適合卻硬要改變對方的，大概只能稱作「磨損」了。

愛情中，總是會有許多起伏。

兩個人相處，好的時候濃情蜜意，可是一旦吵起架來，卻因為最了解彼此的弱點，所以唇槍舌劍下，往往是刀刀見骨。這種爭吵，很常不是針對人生大事的意見不合，可能就只是一個人因為正忙著、心情不太好或不擅長控制表情，所以無意中用不太好的口氣說話。可是聽的另一方就不高興了，脾氣也跟著起來。從熱吵開始，到幾天不正眼看的冷戰，本來的雞毛蒜皮越演越烈，直到「我們不適合，還是分手吧」這樣的經典臺詞說了出口，才有人願意退讓。

軟化、道歉、擁抱、哭泣、破涕為笑，然後幾個月後再循環一次。

想像兩個人的感情水位，就像是個存錢筒。當有愉快的好事發生，就往裡面添一點；糟糕的回憶出現時，則從中倒一些出來。有人說，一個壞的記憶，需要五個好的記憶才能抵銷。嘴上說著再怎麼愛的兩人，找不到實際相處時的平衡一直吵下去，最終也只是把愛給磨耗得精光而已。

• • •

完全不需調整、來自靈魂深處的天生合拍，這種事大概也只有電影中才有。你不可能祈願找到一個百分之百契合，又剛好喜歡你的人類。你該尋找，也真的能找到的，是一個懂得以兩人未來的長久相處為目標，並且願意和你一起共同投入關係經營的人。

每個人成長的背景不同、累積出的性格不同、處理情緒的方式也不同。這些差異都沒有對錯，但是差異造成了爭吵，卻會耗損感情。換個角度來說，其實每一次的爭吵，都是看見彼此的差異，尋找更能夠讓彼此感受到愛的機會。

當在相處中感受到不開心，可能是因為你有些隱藏的期待沒有被滿足。也許是希望對方在某些事情上配合你，或是當天受委屈需要被拍拍，又或者單純只是心情很不好，需要一個人靜一靜。偏偏你無法強制另一個人改變，所以最好的方式，是從自己開始。

比如說遇到衝突的時候，你能不能深吸一大口氣，先靜下心來，不要讓最傷人的話脫口而出呢？又或者是提早將你的需求與期待，用更明確的方式表達出來，避免雙方明明都是一番好意，卻產生誤會呢？

幾十年的習慣，不是一年半載可以改掉，但只要願意在攜手前進的路上，彼此配合調整，終究還是可以找到彼此最自在的相處姿態。

●

兩個人也可以約好一些吵架時的準則，比如說絕對不能說要分手的氣話、不可以把吵架放過夜、生氣的當下也可以離開現場各自冷靜。但無論中間如何激烈，事後一定要好好把問題講開。畢竟每個人心情受到衝擊後的恢復速度與方式都不同，可能你像龍捲風掃過的海面無痕，他卻像被掃過的市區街道，得收拾好一陣子的殘花敗柳。

又或者是，你能不能主動站出來，成為那個終結爭吵的人呢？提醒自己更早一點放軟，或是在脾氣過了以後的冷戰期，即使知道他還在不高興，但你可以主動去抱抱他、先說聲抱歉。不管是多麼激烈的吵架，如果你們還愛著彼此，我想沒有人會拒絕另一半的溫柔擁抱的。

一段感情，需要兩個人的意願才能成立，但只要有一個人選擇放棄，就走不下去了。換句話說，只要兩個人有心願意撐下去，那麼中間的困難和阻礙，也都只是過程而已。

•

一個方形和三角形，一起在磨合中成為圓形。或許所謂的戀愛，就是這麼回事了吧！

好生活練習——你有發現對方為你調整哪些壞習慣嗎？而你是否也為對方修正了什麼？

宜談不完的戀愛

Everlasting love.

如果你對伴侶有無限的好奇，
兩個人也各自不斷成長著，那在愛情中，
你是絕對不可能感到無聊的。

有沒有聽過朋友這樣的感情故事呢？

某個她或他說，和現任在一起之前的曖昧期，每天都是熱烈的無話不聊。白天上班時間用電腦猛打字傳訊息，秒讀秒回都只是基本，還會努力搜尋各種對方可能有興趣的資訊，試圖找到無限延續的話題。

在一起之後就更火熱了，下班再遠都要湊在一起吃飯；各自回家後，還要繼續講電話；偶爾開個視訊，不是聊到眼皮撐不開還依依不捨，就是要比賽看誰在畫面上先睡著了，另一邊才肯掛斷。

結果在一起還沒兩個月，好像就已經過了熱戀期，開始沒什麼話聊了。從通訊軟體上的文字慢慢變少開始，過去你來我往的對話傳接球，逐漸被一張張可愛貼圖取代；本來還互相約法三章，說吃飯時不要看手機，多留點時間給彼此，但是在後來幾次大眼瞪小眼的尷尬、沉默之後，各滑各的手機，早就已經是約會的定番默契；連以往睡前，再累都要撥出的電話，也省略成一句「我今天累了，先睡，晚安」，有時候口氣聽起來還有點不耐煩。

這中間的落差之大，常常像是判若兩人的不同靈魂。令人不禁懷疑起曖昧階段的熱絡，難道都是引人遐想的錯覺？也不禁感嘆起，感情難道真如此脆弱，竟然可以變質得如此迅速？

經歷過幾段感情，我以前也總覺得，兩個人過了熱戀期，相處模式變得平淡，甚至有些無趣，是很正常的。畢竟在戀愛的賀爾蒙大爆發後，身體的化學反應總是要回歸平衡的，而且大家不總是說，平凡而穩定的感情路，也很美好且值得期待嗎？

抱著這樣的想法，直到遇見了那個很特別的他。

相處在一起，每天都覺得時間實在不夠用。觀察著、好奇著、熱切著。因為很在乎，所以不斷想更深入地了解對方；因為充滿無限的好奇，所以總是能不費吹灰之力地銜接話題，一路串成關不起的話匣子；因為想被關心理解，所以自然而然地分享起了自己一整天的所有。不只分享快樂，也分享了悲傷。

於是久而久之，兩個人各自的生活，也就在頻繁的交換中，成為了共通的風景。

每個人的生活裡，同時都身兼了這麼多不同的角色，本身就會自帶源源不絕的話題。是睡前在枕邊甜蜜輕聲耳語的情人；是一起同心協力，規畫行程前往陌生國度的旅伴；是在工作和個人成長上，相互砥礪的人生導師；是攜手面對世俗瑣事疑難雜症的隊友；是互相扶持照顧、支持自己選擇的家人。而隨著感情階段的推進，一定還會有更多身分，更多一起經歷的有趣回憶，如果真的有愛，怎麼會有無聊的一天呢？

這或許就是一段好的愛情能帶來的改變吧？

以前認識我的人，應該不太可能用開朗來形容我。但是在遇見他之後，一切真的都不一樣了。從來沒對一個人講過這麼多話，從來沒這麼溫柔地對待生活，也從來沒如此真心地感受幸福過。很幸運有那麼一個人，讓我每晚都有說不完的話，也謝謝宇宙讓我遇見這麼棒的你！

好生活練習——你和伴侶之間，維繫熱戀的小祕訣是什麼？

宜離開不適合的

Let go of someone who doesn't fit you.

失去並不總是件壞事，
也許痛苦難受，但如果人生沒有空缺，
你不會成長得那麼快，也不會有空間迎向更好的未來。

在好日曆的信件匣中，曾收過這麼一封令人心碎的讀者來信：

「親愛的好日曆，有個心事想與你分享。我最近和交往一個月的男友分手了，原因是他不能接受我的家庭中，有精神病的病友。其實這件事，在我們認識的曖昧期中，就曾向他說過了。當時的他嘴上說著不介意，後來也向我告白，於是我相信他的話，答應和他交往。

所以當他提出分手的時候，讓我心痛又錯愕。

原來雖然走在一起，也有了這麼多親密的回憶，但他心裡卻始終過不去我家庭成員生病這一關。擔心也許我身上有來自遺傳的疾病因子，甚至說他的父母根本不會同意我們交往。其中最令我難過、心痛的是他說，在整個交往的過程裡，他其實根本沒辦法投入。原來這一個月，我時時刻刻的喜歡都只是一廂情願；原來在這場短暫的戀愛中，只有我一個人單方面的真心。

我感覺像是被利用了，也覺得遭受背叛。現在的我，只覺得痛苦無處宣洩，我該怎麼辦呢？」

• • •

讀了這位讀者真心換絕情的故事，坦白說，除了替她感到難過外，其實是有些為她感到慶幸的。難過的是，她經歷了如此心碎的過程；慶幸的是，她趁早結束了一段註定只會不斷虛耗能量的感情。感情的深淺，無關乎相處時間的長短，雖然這次傷得很重，但幸好已經離開，至少沒有讓不適合的人留下更多不堪的回憶。或許對人性與愛情感到些許失望，但傷痛也是到此為止了。

這是我個人的主觀意見，我認為足以被稱為「愛」的情感，必須是無私的。是去接受，並且愛這個人所有的好壞、一切過去、現在與未來。

愛情，是由理性與感性共同交織而成的。那是早已超越了賀爾蒙的爆發，昇華為決定與承諾的結果。

當然，愛情不是毫無界線地放棄自我。畢竟每個人都不同，他處之泰然的，你不一定能輕鬆應對。所以並不是只要屬於他的每件事，都要無腦地喜歡、不得異議，而是你會願意學著接受，甚至欣賞這些差異，然後兩個人肩並肩地一起調整，一步步尋找兩個人都舒服自在的節奏。

• • •

顯然在這位讀者的故事中，他的交往對象，並不是如此真心以待。

或許這麼說有點嚴厲，但是在分手後，過去投入的時間和情感，確實是已經收不回來的沉沒成本。現在當然可以難過、哭泣、檢討，但後悔與自責的情緒，對被留下來的人來說，沒有太多幫助。你只能向前看，好好把自己的身體和心情照顧好了，把日子過得明明白白，然後等待另一個願意真心對你的人出現就好。

但無論如何，請繼續相信愛情。

有時候為了獲得更好的未來，就必須冒上再一次受傷和失去的風險。只有兩個人真正打開了心，互相走入彼此的生命，才有機會了解另一個人最真實的那一面。如果沒有一起經歷過那些喜怒哀樂，再多的承諾，不過也就是承平時期的情話而已。

如果因為怕再次受傷害，把自己的心牆築得很高，在越來越難相信其他人的同時，也將未來更好的可能性給關閉了。那樣的結果，只是在用過去的傷痛，持續懲罰自己而已。

可是如果再次心痛的話，該怎麼辦呢？

既然都已經知道談戀愛有這樣的風險，也在一次次的戀愛經驗中，獲得了雖然不喜歡但充實的養分，那麼我相信你的內心一定已經長得更強壯了。就算未來再次受挫，一定也能夠恢復的。既然如此，何不給自己一次放開手，遇見更好的機會呢？

好生活練習——如果是你，會怎麼給這位難過的讀者建議呢？

最重要的小事

The Most Important Little Things

宜日日好日

不困難、不昂貴、不偉大卻重要無比的提醒；
儀式感與生活樂趣，
幫你一項一項備忘在這裡。

Gooday

宜做沒做過的事

Do something
you've never done before.

學東西不是只有在書桌前正襟危坐，
眼前的資訊世界、身邊的一花一草，
只要能從中獲得新東西並感到滿足，
就是最適合你的學習方針。

我們每個人，都是搭著時光飛馳的乘客。終點站的人事時地物不是我們所能完全控制的，但是一定能做到的是讓這趟名為生命的旅程盡可能好玩有趣。我甚至覺得，或許這才是人的一生中，最重要的任務目標了。

• • •

對於人生的各種嘗試，我常常會抱持著一個想法：只要活著，有機會的話，就盡量什麼都去試一試。不要因為犯罪被抓去關、不要因為上癮被綁架人生，最重要的是——不要把自己弄死，其他怎樣都沒關係。尤其是在某些遲疑、下不了決心的時刻，更是常常這樣跟自己說。

「雖然要花很多錢和時間，但是要不要學潛水和滑雪？」好啊，學啊！

「雖然身體會很累，而且有嚴重高山症的風險，但是要不要去爬看看喜馬拉雅山？」好啊，爬啊！

「雖然會變得很忙，壓力很大，但是要不要挑戰看看當主管？」好啊，當啊！

「雖然看起來實在是爆炸可怕的，但是要不要玩玩看十米高的跳水臺？」好啊，跳啊！

「雖然有人生地不熟和語言隔閡的煩惱，但是要不要試著出國當交換學生？」好啊，去申請啊！

甚至是一些乍聽之下不太好的事情。

曾經在拉斯維加斯的牌桌上輸掉幾百塊美金，鬱悶了整個晚上；曾經在ＫＴＶ外吸了一口朋友遞過來的菸，嗆得亂七八糟；曾經在背包旅行途中，差點被誣陷成為室友偷東西的共犯……更別說其它喝到爛醉、斷片以後的荒唐事了。當然還是有些慶幸自己的幸運可以活著回家，但回頭想來，這些不都是人生中難得的有趣故事嗎？

如果今天眼前的任何選擇，大致上聽起來不會讓你死掉，還可能是一個拓展生命邊界的機會，只是內心的懷疑和恐懼阻止你行動，那就告訴自己，放膽去試試看吧！

那些因為未知的恐懼而生的「雖然」，絕對都沒有比你能獲得的體驗重要而寶貴。

曾經有社會心理學家研究發現，在生活中獲得經驗，比獲得金錢與物質，要更能為人帶來長久的滿足。不管一件物品再怎麼昂貴，購買時的興奮都只是短暫的，我們終究會習慣它在身邊時的狀態。相對的，你獲得的經驗都將內化成生命的一部分，你看過的事物、做過的事情、去過的地方，都會形塑你的價值觀與人格，甚至某些美好的回憶，還能在你走入絕望幽谷的時刻，伸手將你一把拉出。

人的眼界，就是在這些不斷出現的刺激與探索中被拓寬開來，然後變得更精采而寬廣，就像不敢吃辣、討厭苦味的孩子，長大後卻愛上麻辣鍋配啤酒的大人組合一樣。

用開放的心與世界共處吧！去嘗試、體驗、感受；去學習不同的人是如何思考，又是如何生活；去看見生活中各種事物的優劣；去發展更多屬於自己的觀點。

這麼一個立體而精采的人生，不是比平凡的一成不變更有趣嗎？

好生活練習

有沒有你一直想嘗試，
卻始終沒勇氣付出行動的事？

宜說走就走

On the spur
of the moment.

旅行是一場自我對話，
也是幫助你克服生活中的害怕，
變得更加勇敢的人生經驗。

你覺得，人為什麼喜歡旅行呢？

很久以前，科學家就發現，當太空人飛上了太空，從純淨的真空中看見了遙遠地球所形成的蒼藍小點以後，會產生一種被稱為「總觀效應」的感受。那是一種超越種族、國家、全人類，甚至整個地球的視野格局。

這個小到像灰塵般，隨時都能被忽略的藍色小點上，聚集了你所見過的、認識的、愛著的、討厭著的所有人的一生。既然一切榮耀、爭奪、渴望、仇恨，在宇宙的尺度中都是微不足道，我們還有什麼理由不好好善待每一個他人呢？

如果想得遠一點的話，旅行和上太空，其實沒什麼兩樣。

旅行是一個很有儀式感的過程，從起心動念的那一刻起，就已經能讓生活產生不同的化學效應。

決定目的地、規畫行程、安排住宿，邊查美食和景點，邊用線上地圖記住想去的地方。常會越找越興奮，一不留神就把整張地圖都插滿了星星。出發前一天，看著天氣預報收行李。想像一下每一天的景點，各自要搭配什麼衣服，甚至一直到現在的年紀，偶爾還會像第一次出門遠足的小學生，因為太過期待到整夜失眠。

到了一個不熟悉的地方。五感警覺而敏銳地全開，聽不懂半句的車站廣播、不熟悉的誘人撲鼻香味、想都沒想過能放入口中的食材、此生未見的絕美風景、微妙差異卻難以習慣的人與人距離，還有與亞熱帶氣候完全不同或冷冽或燥熱的皮膚觸感。

旅途前的期待激勵了無聊的生活，旅途中的精采帶來豐富的體驗，旅途後的思考則又是另一場腦內風暴。

我們在他處短暫成為了一個異鄉人，然後帶著異鄉的眼光回到家鄉，使得家鄉再一次成了異鄉。但是，這就像將另一個平行宇宙中自己的不同人生，納入這個宇宙中的人生裡，我們也在活過了這一次次的不同生活中，透過新的環境、新的朋友、新的感受與新的眼光，看見更多不同可能的自己。

•　•　•

旅行，是讓你逃脫慣常，重新校正自己在這個世界上所處座標的方式，無論你喜歡的是都市或山林、是緊湊精實或輕鬆寫意、是腦內印象派或踩點打卡派，它們都是單調人生的延長，也是滋潤成長的最好養分。

這個週末，就給自己來場久違的旅行吧！

好生活練習——下一趟旅程，想去哪裡？

宜好好說話

Speak kindly.

只有打開心之後，人的耳朵也才會打開。
如果覺得溝通完全只需要靠理性，
那你就太不理性了。

不曉得你身邊有沒有這種人：總是自詡說話很有邏輯，卻不太在乎別人的感受。要不事先丟一句「我這個人就是直接坦白」，要不喜歡自顧自地講道理，滔滔不絕、口若懸河，旁人連插嘴的餘地都沒有，講完話後，現場明明一片尷尬靜默，卻還一臉得意地覺得自己很厲害。

不只在職場與生活，這種溝通模式甚至也會被帶到感情裡。想像一位每次只要一有衝突或問題，劈頭就講大道理、說教的伴侶有多煩人。

另一種極端現象則是不溝通。心情不好便沉默不說話，當問起怎麼了卻又說沒事，但滿臉卻寫著「有事」

二字。生氣了也悶在肚裡，覺得對方如果在乎，就應該要自動猜到自己的滿腔心事。

但其實真正的溝通，不只是要能說出口，還得能夠被聽進去。

當情緒沒有被照顧到的時候，道理講得再多再好都是沒用的。

一段對話能不能被理解與接受，是兩碼子事。你說的話能不能被對方理解，需要理性和邏輯的裁量，最好還要有些論證與數據強化你的觀點，至於能不能被接受，則完全由情緒所掌控。

「這些道理我都懂，但我就是不想聽。」

當你和別人講一件事，即使你是對的，但是用理直氣壯的態度講道理，尤其容易表現出「我對，你錯」的態度，聲音還可能隨著氣焰高漲而越來越大聲。這時候，即使你是百分之一百二十正確，也可能會因此引起對方反感，即使再有道理，人家也聽不進去，甚至還會因為不爽，故意跟你唱反調、為了反對而反對。結果明明可以好好講開的一件事情，最後鬧得不歡而散；又或者是有一方這次憤恨不平地接受了，卻因為感覺沒被尊重而傷害了彼此的信任，下一次溝通只會變得難上加難。

上面說了這麼多，其實都是我以前的模樣。而這一切，是我在成長過程中，撞了很多牆，也付出好多關於人際關係與實體的代價，才學會的溝通法。

‧人類沒辦法讀心，他人也沒有義務永遠主動理解你沒說清楚的話，或者吸收不必要的氾濫情緒。

‧良好的溝通要建立在雙方對等的尊重上，承認溝通中有情緒的存在，用健康的態度化解衝突，才是幫助良好溝通的最好敲門磚。

‧好好思考然後好好說，用別人聽得進去的方式溝通，照顧情緒之餘，也把你真正的意思表達清楚。既能把事情做好，又顧及了彼此的心情，才是成熟大人的表現喔！

好生活練習——

回憶最近一次覺得對方有理說不清的場景，
會不會其實是自己沒照顧到對方的感受呢？

宜按暫停

Give yourself
a moment.

疲勞的身體可以靠多睡一點回血，
乾枯的靈魂，
卻需要靠刻意設計的充實才能復原。

我們總是習慣把生活塞得滿滿滿，享受向遠方地平線風馳電掣地前進所帶來的心跳加速。直到累得快喘不過氣來的那一刻，停下來回頭一看，才赫然驚覺原來已經在沿路的匆忙中，落下了好多重要的自己。

你有多久沒給自己一段好好休息的時間？上一次允許自己澈底放鬆，又是多久之前的事了呢？

擺在床頭唯一那本難得不是為了工作而買的散文集，早就成了積滿灰塵的過敏原製造機；期待了兩年，好不容易等到新上映的科幻影集，只有在每個月信用卡被白白扣了訂閱款項時的那五秒鐘會被想起；講了三個月要吃飯、喝酒，卻始終沒約成的老友，話題只能透過每週幾幀的限時動態來維持；說好要認真寫下的人生規畫還沒個影；年初許下的新年新希望，也早就不知扔去了哪裡；更別說永遠追著死線跑的繁忙工作了。

除了身體的累，更多時候還帶著沉重的焦慮。擔心自己不夠好、擔心工作不受肯定、擔心錢不夠用、擔心愛情不順利，拚了命地闖就為了彌補理想與現實的落差。可是換來的，只有更多的迷惘與壓力，還有伴隨著一成不變的生活所帶來的倦怠。

• • •

看似獲得了很多，實則損失了更多。究竟讓自己這麼忙的你，是為了什麼？

不正常的飲食搭配糟透了的睡眠，相乘下的結果是每況愈下的健康。再多遮瑕都蓋不了的黑眼圈、每次要開重要會議，就會跑出來亂的痘痘，這些都還算小事。因為太累爬不起來，賴床到最後一刻彈跳離床後，再用生命飆車到公司打卡，上下午各灌一杯咖啡續命，仍舊哈欠連連、精神不濟，這才是大問題。

別仗著年輕就不照顧好自己。那些燃燒生命欠下來的健康債，遲早要還的。

獲得了人人稱羨的外在，卻失去了一切自我，這樣的成功，還能被稱為成功嗎？

稍微緩一緩吧！人生的路是自己在走的，節奏也應該由你來控制。

允許自己久違地休息一下。

細細回味那些真正為了當下開心而做的事，不是為了已經發生的而懊悔，也不是為了還沒發生的事而擔憂。重新描繪出生活的邊界，找到最能讓你充滿期待，卻又不會累垮自己的動態平衡。

不急，給自己一點時間，讓身體和精神充飽電，等到被你甩在後頭的靈魂跟上腳步了以後，再繼續前進。

這就是屬於你自己最好的生活了。

好生活練習——

現在就為馬不停蹄的生活按下暫停鍵吧！

停下來後，你會怎麼幫自己充電呢？

宜交心

Be sincere.

平常有默契地怕打擾，
一見面就聒噪地聊到喉嚨痛；
義無反顧、情義相挺，
好朋友就是這樣一個奇妙的綜合體。

小時候，我爸進入說教模式時，很常講這段話：「交朋友要找可以雪中送炭的，不要只會錦上添花。」懵懵懂懂的當時，也不太明白這是什麼意思。心裡只想著：不就是交朋友而已嘛！相處起來開心、舒服就好了，哪有那麼複雜？

況且在那個年紀，不管發生了什麼事，也都還有家人或老師在身邊幫忙處理，好像也沒有想到什麼情境是非朋友幫忙不可的。

直到大學離家獨立生活以後，才慢慢理解當年那句話的意思，尤其在脫離校園出了社會後，更是如此。

不管你再怎麼能幹獨立，能力與時間仍舊有限，人生偶爾就是會有些事情或心情，沒有辦法完全靠自己全部解決。你可能需要用上手邊所有可能找得到的幫助，才能勉強脫困。身邊沒有像年幼時可以無限依賴的家人了，也不見得有個能夠替你分憂解勞的伴侶，這時候還可以靠的，就只剩朋友了。

在學校借筆記、抄作業、參加社團辦活動、占圖書館座位；互相見證最精采的巔峰，也看過彼此最慘、最糗的淚眼婆娑；曾一起瘋狂胡鬧，也曾吵到不可開交；一起互譙上班鳥事、失戀時陪你哭、給你人生建議、帶你探索職涯、陪你拓展視野，還有喝醉時，把你扛上沙發，順便貼心幫你準備一瓶蜂蜜水。

如果生命中少了這些能互相幫忙的真心朋友，已經有許多挑戰的人生難度，應該還要再高上個百分之五十吧？

這種一輩子需要的最重要朋友也不必多，有真誠互信、不求回報的兩三個，大概也就足夠了。

就像所有人際關係一樣，友情的維繫，是必須花心思經營的。

曾經聽過一個開玩笑的說法：要是臺北人跟你說「下次再約」，那八成就沒有下次了。身為生活在臺北的非臺北人，認真反思了一下，好像確實如此。常常在認識相談甚歡的新朋友後，或者是在酒酣耳熱的聚會中，興匆匆說出「下次再約」，卻幾乎都再也沒有下次。

你還記得，上一次和你所謂的「好朋友」認認真真地陪伴或深聊，是多久以前的事情嗎？又有多久，沒有好好真正付出關心了呢？

每個現代人都很忙，但忙並不是藉口。既然定義為很重要的人，就不該只在有事情需要時才趕緊線上敲一下，平常卻都晾在一旁不聞不問。如此一來，這些「重要的人」，依然還是重要的人嗎？

不管已經有了再怎樣堅實的感情基礎，都需要靠付出時間和心力來維繫情誼，否則，人終究會漸漸走向淡忘的。

能夠在最需要的時候對你講真話，在要做出蠢事之前拉你一把；陪著你一起慶祝人生的里程碑，也在需要靠一下的時候把肩膀借你。

別因為忙碌，就忘記這些最珍貴的相處。年紀越大，知心的朋友可是越難找，所以要記好，別讓這些珍貴可愛的人們，輕易從你身邊離開了！

選日不如撞日，趁著這個週末，找你久違的好朋友約一攤吧！

好生活練習——有哪位你曾經很在意的好友，現在卻走散的？為什麼呢？

宜互相麻煩

Give a helping hand.

正因為人類的悲歡並不相通，
所以人與人之間的感情，
才得以在一次次的彼此幫助下，
互相麻煩出來。

以前的我或許是獨立慣了，一直都很討厭開口請人幫忙。任何事情，除非萬不得已，否則一定都是自己想方設法搞定。從學生時代起就不喜歡跟家裡拿錢；到不熟的地方迷路了，寧可自己打開手機地圖四處找路，也不肯開口問當地的路人；不懂的問題，不管是學業或工作，也盡量靠自己搜尋答案，或者卯起來熬夜苦思，就不麻煩家人朋友。

• • •

二〇二二年的夏秋之際，好日曆出了第一本實體的日曆。但就在第二天的凌晨，因為剛上架而熬夜忙得不可開交的時候，突然收到一封讓人心跳幾乎停止的通知信。

信裡說，我們的網站出了一些嚴重的問題，如果不及時調整設定的話，很快就會被關停。大半夜的，找不到網站服務的客服，也聯絡不到技術人員，如果最壞的狀況真的發生，不但幾個月以來的努力統統白費，要是還演變出更嚴重的麻煩，對信任、支持我們的讀者，可就真的不知道該怎麼謝罪了。

或許是太過焦慮，外加想要自己解決問題的自尊心作祟，我開始陷入盲目的摸索。到處亂點、亂查、亂試，胡亂地想要摸索出可能的解法。幸好就在這時候，我的伴侶注意到我的不對勁。他喊著我的名字，從身後抱住我，然後輕輕地說：

「會沒事的，我們試試看找人來幫忙，好嗎？」

直到這時候，我才清醒過來、恢復理智。對啊！問題發生就發生了，現在著急慌張也沒用，那些專業的系統問題，不會就是不會。自己在那邊瞎忙不但搞不定，更浪費了爭分奪秒的搶修時間。於是，雖然窗外景色已呈現魚肚白，我們還是各自抓起了手機，開始瘋狂傳訊息給所有可能有辦法的朋友，發出十幾則求救訊號後，也開始著手考慮可能的備案。

結果，我們還是幸運的。就在整夜沒睡的努力後，早上終於等到一個久未聯絡的朋友回覆可以幫忙。超級罩的他，大概半小時內就迅速解決了我們的問題，而我們也在道謝後，拖著疲倦的身心昏睡過去，小鎮村再次度過了美好的一天。

我們都不完美，卻總是習慣在遇到難關的時候，因為怕被拒絕、怕被當成沒用的人，甚至怕成為你所重視的人的困擾和負擔，所以選擇一切先靠自己，逞強地想要自己解決所有煩惱。誤以為不麻煩別人的自己，才是獨立、堅強、值得被愛的。

可是只靠自己，真的不會比較好。

我們往往低估人們互相幫助的意願，其實開口尋求幫助，一點都不丟臉。換位思考，試著問自己：如果在生活中有一個活生生的真人前來求助，你會願意幫忙他嗎？

坐你隔壁看起來很無助的新同事？會。

下大雨時，焦慮的迷路機車騎士？會。

工作表現良好，拜託你推薦新工作的後輩？會。

剛失戀，心情差到爆卻硬撐一張笑臉的朋友？會。
生活上遇到重大挫折，正沮喪中的人生摯愛？會。

也就是說，你開口求助的那一方，也是心甘情願想要幫助你的。

• • •

其實人類生為群居動物，DNA早已內建了互相幫助的本能。心理學中存在一個「富蘭克林效應」：相比那些被你幫助過的人，曾經幫助過你的人，會更願意再幫你一次。

舉例來說，在工作上有一位和你處得不好的同事。但如果你找一些機會，請他幫一些無關緊要的小忙，比如說借個十塊錢、幫忙拿一下手上的東西等等，在提供協助後，對方對你的好感度會不減反增。除此之外，腦神經科學家們也證實過，當我們幫助他人時，大腦也會釋放讓我們心情愉悅的激素。

總結來說，人類天生就是被設計成願意互相幫助，這是社會得以發展茁壯的重要基礎，也是為什麼你不該害怕互相麻煩的重要原因。

不完美，才會讓你更像個人。

很多時候，你會覺得麻煩別人很不好意思，所以盡量不請別人出手幫忙，結果反而造成反效果。比如說在工作上遇到問題，與其自己花一整天敲破腦袋猛想，可能問一下坐隔壁的資深同事或主管，不用五分鐘就能搞定；反倒是只靠自己處理不來，拖到最後火燒屁股了才求救，把辦公室的大家搞到人仰馬翻，這才是真不負責。

甚至如果在感情的曖昧階段用這個小技巧——想要讓心儀的人留下印象，不需要一味示好，你可以偶爾請對方幫點小忙，反而可以增加他對你的好感度。

別把自己封閉在小小的心牆內，將人生活成了孤島。真的需要的時候，就儘管開口互相麻煩吧！或許就只是那麼短短的一個問句，就足以從此改變你的人生軌跡呢！

好生活練習——

面對工作上困難的挑戰，你第一個會想找誰來幫忙呢？

忌臭臉

Don't be grumpy.

如果說人生有什麼是免費、行動門檻低，
卻又能大幅改善人際關係和心情的方法，
微笑一定是其中之一了。

認識我的人常說，只要我面無表情，或者是很專注的時候，就會看起來很凶。難以理解這是什麼狀態的話，想想 Youtuber 理科太太，或者演暮光之城的 Kristen Stuart，可能你就能領會，就算沒什麼情緒或者眉頭微皺，也會好像在不爽，一副生人勿近的模樣。即使是很熟的朋友，當看到我的表情時，也會有點猶豫是否該過來跟我說話，怕掃到我脾氣的颱風尾。最誇張的是，我還聽過有比較不熟，也比較資淺的同事，因為很怕跟凶巴巴的我說話，所以需要兩人以上結伴同行，才敢走過來找我。

剛開始，雖然覺得有點冤，但也沒

有太放在心上。想說反正臉臭就臉臭嘛，這要怪也只能怪我爸媽把我生得比較嚴肅吧？喜歡安靜的我，甚至覺得這樣還不錯，最好都不要有人來煩我，我就可以專心做好自己的事情。

不過隨著年紀漸長，卻開始發覺，總是一副臭臉，好像也為生活帶來一些困擾。比如說在一個新的社交場合，初見面的陌生人往往會覺得我不太好親近，所以也不太想要主動找我聊天。又或者因為看起來很不友善，所以接近我的人總是需要帶著防備心，難以敞開心胸討論事情，甚至覺得我難相處，反而影響人際關係和與他人合作的機會。

• • •

其實直到現在，科學家已經有非常多的研究顯示，常常微笑，受益最多的絕對是你自己。

人類的腦中有一種「鏡像神經元」，它的存在會讓你在與人接觸時，不知不覺模仿對方的動作表情。如果你特別花一點心思注意，會發現在跟另一個人交談時，不只表情會趨於相似，你的身體姿勢、手腳擺放的位置，甚至用字遣詞，都會出現互相模仿的狀況。這就是為什麼當你看起來緊繃的時候，除了因為壓力而升高了防備心，對方也會因為鏡像神經元的存在而表現得不自在。

反過來說，不管本來的氣氛有多麼緊繃，當面對面的其中一個人笑了，也會啟動另一個人的鏡像神經元帶起微笑，於是本來充滿張力的場景得以和緩下來。因為微笑和放鬆的表情，是一種已經內建在我們DNA中判讀的友善訊號。當你知道面前的人是開放的、有意願的、溫暖的，不管是溝通解決事情或單純的閒聊交流情感，自然都會更順暢，也更容易產生好的結果。

神奇的是，我們常講心理影響生理，殊不知生理行為也會影響心理認知。在心情很不好的時候，告訴自己擺出笑臉，甚至拿一支筆出來咬著，迫使臉頰肌肉上提，光是做出「微笑的表情」，面部肌肉神經的回饋，就會直接引發大腦的正向情緒反應了。你可以親自試試看，大概只要五分鐘，血壓下降、壓力指數降低、腦內啡提升，你會發現自己的心情明顯感覺變好。

•

不需要為了媚俗而強顏歡笑，但是對周遭的人們多展露一些和善，絕對沒什麼壞處，尤其是在最重要的人們身邊，別讓你無心的表情引發不必要的誤會。

雖然直到今天，偶爾還是會被同事取「笑臉德」不足、面部表情管理需要加強，不過至少知道問題後，開始懂得覺察。每當發現自己眉頭深鎖的時候，稍微用手拍拍自己的臉，放鬆一下表情。也不曉得是不是錯覺，總覺得臉放鬆了些，好像當下的緊繃壓力，也稍微被釋放了一點。

只要在心情不好的時候，將嘴角的肌肉上揚，就能夠使心情愉快，不覺得這是個超級划算的投資嗎？

好生活練習——除了上面提到幾個強迫練習讓自己面帶微笑的方法，你還有聽過什麼表情管理的妙招嗎？

宜感謝

Show gratitude.

不要吝於向重要的人表達感謝，
他們的存在，
都是你之所以能成為這樣美好的你的重要原因之一。

曾聽過一個很有趣的思想實驗：

假如今天有個人要無條件送你一千萬元，相信你一定會毫不猶豫地開心接受；但假如接受這一千萬元的附加條件，是必須奪走你的生命，我相信你一定是二話不說，斬釘截鐵地拒絕。

既然我們會有這樣的反應與選擇，那是不是就代表即使現在過得有些辛苦難熬，甚至有時被絕望淹沒，但你依然擁有生命，活著、呼吸著，睡一覺起來還能看見明天的太陽。這麼一個聽起來平凡到有點無聊的事實，其實比天秤另一端那一千萬白花花的現金，還要更有價值。

這樣的話，我們是不是該好好感謝還活著的每一天，把每天都當成像是賺了一千萬元般開心度過呢？

相比活在同個世界另一端，活在每天兩塊錢美金貧窮線之下的五億人口，我們都是極幸運的一群。

細數一下我們擁有的和每天獲得的，其實已經很多。或許不是出身於大富大貴，但至少還能受教育，也在愛中被撫養長大；或許不是在夢幻的職場環境，但至少工作內容還算喜歡，同事們也算好相處；或許還買不起房子，但至少無需流落街頭，每個月的收入還夠租上一間遮風避雨的套房，網路速度還很快；或許無法餐餐豪奢，但三餐能溫飽之外，偶爾還可以慰勞自己吃頓好的。

只是，習以為的慣常和庸庸碌碌的辛苦搏鬥，常會讓我們遺忘已經擁有的美好。

最能提醒我們生命從來不只是生存的，是對周遭一切的感謝。

在你結束了忙碌的一天，好不容易撐著身體來到鬆軟的被窩之前，試著問問自己：「今天有什麼值得感謝的嗎？」

一整天那麼長，發生了這麼多事情，再怎麼難熬，細細回想，一定都會找到一些值得感謝的小小亮點。

可能是喜歡今天的打扮，可能是滿意早上噴的香水，可能是出門通勤竟然沒塞車，可能是工作任務順利，可能是昨晚竟然沒失眠。哪怕是一杯溫熱暖手的咖啡，又或是陰雨後，天空中透出的一縷陽光，都值得你的衷心感謝。

要是真的想不起開心的場景，那就試著在不順利中，找到那些相對沒那麼糟的地方。

雖然跌了一跤，但是從中學到很多成長茁壯的經驗；雖然正在跟情人吵架真的很痛苦，但是改善後，兩人感情一定可以更好；雖然最近壓力真的很大，但至少身體依然堪稱健康。還清醒著、有份工作可以賺錢，還可以在溫暖的家裡邊看影集，邊吃晚餐。

我們永遠沒辦法完全控制周遭發生的事情，但是能掌控自己的情緒和想法。讓自己心懷感激，就是調整心情的最快方式。

如果可以的話，也想邀請你試著和我一起練習寫感恩日記。

•

你可以在每天睡前把當天值得感謝的三件事情寫下來。一開始覺得有點硬寫也沒有關係，這麼做，像是一個強制的提醒，提醒你生活中其實發生過不少好事，所以好心情可以被複製、放大且延續更久，或者讓你看見被烏雲遮蔽的苦日子中，其實還是有那麼一絲半點的微光。

•

更有意思的是，在寫了一陣子後翻回前面的紀錄，會發現：哇！其實自己過得還不錯呢！理解自己曾經有過的精采時分，會讓你更有自信，也更喜歡自己。

•

有時候，累到喘不過氣的人生，只要擁有這麼一個感謝的瞬間，就會讓你覺得今天一整天的辛苦都值得了。讓我們一起練習感謝一切吧！

好生活練習——

今晚睡前，試著回想一天下來
值得感謝的三件小事吧！

宜關心

Care more.

很多時候，在那些心情最糟糕的當下，
往往只需要另一個人很簡單的一句「你還好嗎？」
就足以帶領你脫離幽暗的低潮。
同樣的，身邊需要你的人，
其實也只是在等著你最簡單，卻也最真誠的關心而已。

偶爾會在網路上看到這種關於男女朋友相處間的笑話：

女朋友：「我生理期來了肚子痛。」
男朋友：「你有沒有多喝點熱水？」
女朋友：「我昨天沒睡好身體不太舒服。」
男朋友：「你有沒有多喝點熱水？」
女朋友：「我好像快感冒了。」
男朋友：「你有沒有多喝點熱水？」

彷彿沒有什麼問題是一杯熱水解決不了，如果有的話，那就喝兩杯。

說實在的，多喝熱水沒什麼壞處，

也確實可以解決很多身體上的問題，但另一方想要獲得的關心，通常也不是只想理性地解決問題。

關心並不是自顧自地噓寒問暖，或是用「我是為你好」的方式表達，而是真正用心觀察對方現在需要什麼。把問題給解決了當然很好，但是他的心情是什麼？現在的他想聽到什麼？又需要聽到什麼？

• • •

關心的起點，是傾聽。

我很喜歡一句英文諺語：「I'm all ears.」。

它並不是字面上的意思說你整個人都是由耳朵構成，而是說你已經準備好洗耳恭聽了。只有耳朵的輸入，沒有嘴巴的輸出。

積極聆聽，不是要你很主動頻繁地一直追問問題，也不是丟個問題後，記得偶爾點頭或發出語助詞，促進傾吐就比較積極，而是要你先放下腦袋裡主觀的意識評判，先認真聽就好。即使在吸收的同時，已經產生了滿滿不吐不快的回應，也請記得先克制打斷對方加以評論的衝動。

你需要練習換位思考，把自己放到對方描述的情境之中，試著感受他的感受。除了說出來的那些詞彙語句，沒有講出來的話也同樣重要。他的語氣、表情、姿態、避重就輕的話題，或者那種明明臉超臭，但一直跟你講「沒事、沒關係」，可是心裡在意得不得了。事實就是，這種話要是你真當沒事，接下來就會輪到你很有事了。

• • •

我們每個人多少都會有這種說不清心裡話的困擾，只是程度上的差別。

回想一下，當你心情不好的時候，是不是常常也說不上來到底哪裡出了錯，但就是整個人都不對勁呢？所以要求另一個人，永遠都要能把自己的心情描述得清楚，也只能說是苛刻的天方夜譚了。

當你願意帶著真誠關心的傾聽態度，讓對方先「感受到」被關心，一句面對情緒的「怎麼了」，可能比很多句釐清問題的「為什麼」要更有效果。當然，最好的安慰往往是理性與感性並重的雙管齊下。可是當情緒的洪水潰堤，沒有先把氾濫的源頭止住，只是傻傻地想要修復壩體本身，無論怎麼防堵，最終都會被高漲的情緒沖垮。

可以試著在話語中放入一些細節，讓對方感受到更多你對他的重視。比如說，加入一些對表情、情境、事件的觀察，或者覆述對方剛才說過的話。「你看起來有點難過，怎麼了呢？」「是因為稍早發生的ＯＯＸ事情讓你不開心嗎？」「你剛才提到發生了ＯＯＸ，是不是因為這樣，所以你心情不好呢？」

相比單純一句套用到每個人身上都成立的話術問句，這種方式，除了讓你在聆聽的過程中，可以更精準地找到對方在意的點，也會讓關心的對象，感受到更多溫暖和重視。

• • •

我們每一個人，都是活生生、有血有肉、有感受的人，而不是等待被解決的問題。

用心聆聽，同時也表現出自己的用心。先別急著說話，也別急著想解決問題。從對方的語言和非語言表達中，尋找可用的資訊，然後再用取得的素材，造句成客製化的關心詞。等到情緒安撫完了，再來想想實際的解決方案，這才是完整的關心。

人與人的衝突在所難免，每天的生活也不可能盡如人意。學會更好地關心別人，不只是照顧到他，也會在這樣的過程中更加了解自己。

而這樣貼心的你，一定也會在往後與人的相處裡，活得更加自在而平靜。

好生活練習——

現在身邊朋友中，誰會是最需要你一聲關心的對象呢？

宜相信善良

Believe in kindness.

世界上最珍貴的善良，
是在看透人情世故，
也見識過世界的黑暗殘酷之後，
依然願意選擇相信善良。

如果生活中有人用很糟糕的方式對待你，你會怎麼回應呢？

會想悉心計畫一場精采的復仇，讓對方嘗嘗痛苦的滋味？或者是示弱、示好，看看能不能扭轉對方的欺壓？還是乾脆把神經放大條一點，當成船過水無痕，什麼都沒發生過？

有人說，所有故事裡的壞人，都是曾經受過傷的好人變成的。《蝙蝠俠》裡的小丑在社會的捶打中失去尊嚴；身為迪士尼最大反派的黑魔女梅菲瑟，是曾被情人狠狠摧殘過身心的精靈。而在我們的真實生活裡，又有多少人架起厚厚的武裝，只是為了保護底下脆弱而恐懼的自己不再受傷呢？

到底要以牙還牙、以眼還眼，還是以直報怨，甚至以德報怨，這或許是古今中外哲學史上最難的題目了。

面對他人造成的傷害，不管對方究竟是有意或者無心，我們終究是個有血有肉、有情緒、有眼淚的平凡人，因此感到困惑、憤怒、沮喪、痛苦、不公平，都是可以被理解的正常反應。而且在非常生氣的時候，會冒出想要報復、傷害回去的念頭也都極為合理。

可是如果靜下心來想一想：仇報了，把傷害返還回去了，然後呢？同樣故意傷害了別人的你，會因此過得更好、更快樂嗎？

很多人以為報仇是最痛快的。是，是痛快的，但往往只會在那一瞬間存在而已。

在那個瞬間之後，你受過的傷依舊跟隨，不會因為對別人做了什麼事就自動癒合如初，這個處處凶險的世界，也不會從此特別優待你。

我們沒辦法控制別人的行為，但是永遠都擁有做出行動和反應的選擇權。如果你選擇墮落成你討厭的那種人，費盡心思只是讓自己失去格調又賠上善良，這樣真的划算嗎？

如果我們每個人，都能夠為彼此多留一點餘地，會不會我們生存的社會，也可以一起變得更溫柔？

如果可以的話，我希望選擇繼續相信善良。

你的信念，決定你看待事情的角度；你看待事情的角度，影響與世界的互動。對未來正面的期待，會積極引發好的結果；而對世界負面的詮釋，最糟能夠毀滅人的一輩子。

願我們都能學會寬容與善良。在保護好最真實、最善良的自己的同時，也做出那個無愧於心，不會從此討厭自己的選擇。

好生活練習——

被好友背叛的你感到受傷又憤怒，
在冷靜之後，你會怎麼處理呢？

宜練習 斷捨離

Less is more.

打掃身邊的環境，讓周遭回歸整潔，
掃除其實也是一個收拾自我的生活儀式。

有一陣子工作很忙，每天都在公司加班到沒日沒夜的。有一天，竟然準時下班早早回家，難得多出了一段自己的時間，於是久違地抓起書桌旁的吉他想練一練。想不到才刷下第一個和弦，就被飛出的細塵給搔出了一個大噴嚏。搓搓鼻子後定睛一看，才發現吉他架和琴上，早已布滿了灰，更別說是被琴給擋住視線的房間小角落了。

在我們的生活中，一定都會有那麼一個你天天看見，卻幾乎沒有認真整理過的小角落。過去的它，可能存放了你很在意的珍寶，只是因為生活中令人暈頭轉向的忙碌，讓你不小心忘記它的存在。

你有多久沒好好整理身邊的環境，又有多久沒好好收拾自己的身心了呢？

或許你也曾經有過這樣的經驗：在心情不美麗或是壓力很大的時候，會特別想要整理身邊的環境。可能是突然奮起把浴室刷得晶亮，可能是把堆滿雜物的書桌一口氣收拾乾淨，也可能是猛然來個家具、擺飾大風吹。

有些人會把這樣的行為翻譯成對迫在眉睫、忙碌的逃避拖延，但其實，我們是透過整理環境的同時，整理自己的內心世界。

那是一個自我療癒的過程。

不像生活中大部分的事情，努力不見得有回報，整理環境，是一個人能高度掌控結果的行為。不管原本周遭是像被颱風炸過一樣亂，還是平常就已經維持得不錯，打掃過程的每一個行動，都會獲得直接明確的成果回饋。

抹布過去，灰塵消失、刷子過去，髒汙不見、文具紙張收到抽屜後，桌面就空出來了，用不到的雜物乖乖躺在分類好的垃圾袋裡。透過整理的過程，重拾對生活的控制感。並且能在回到全神貫注的工作模式前，撿回多一點對未知將來的勇氣與信心。

相對於雜亂，我們的大腦天生更加偏好秩序。有科學家曾透過儀器和採檢，發現當人身處相對雜亂的環境時，體內壓力賀爾蒙的數值也會相對提高，繼而對專注度和認知能力造成負面影響。神奇的是，當實驗對象們被要求將眼前的環境整理乾淨，他們的平均壓力立刻有了顯著的下降，處理複雜問題的能力改善、生產力也相應提升。

統計資料也指出，周邊環境越是乾淨整齊，視覺資訊越是條理分明，就越不容易分心，被拖延症所困擾的可能性也越低。

有了一次的整潔，未來維持就相對容易多了。養成用完物品的當下，就將東西歸位的習慣，或者給自己一個每週固定的小掃除時間，都對長期保持井然有序的環境很有幫助。

不過如果你是屬於桌子很亂的人，也別太慌張了。有研究顯示，像物理學家愛因斯坦那樣東西堆得到處都是的桌子，反而會對一個人打破常規的創造性思考有所幫助。只是如果現在生活匆忙的你，最需要的是效率和平穩的心情，那麼，亂糟糟的環境，可能就不太適合你囉！

處理掉那堆你早就想拿去扔卻遲遲沒有行動的舊衣服，把疊滿桌上的書本歸位，地板拖一拖、浴室刷一刷，扔了滿床只空出人體睡眠空間的換洗衣物收回衣櫃。在還給你溫暖小窩原本可愛輕巧面貌的同時，一起整理自己的內心世界。

藉著重複同樣的動作，可以讓腦袋得到機械式的休息和撫慰，隨著環境變得整潔乾淨，也會從中一點一點，慢慢取得更多的生活成就感。

不管是要除舊布新來點新氣象，還是要斷捨離，拋棄過去的煩悶迎接新開始，為自己留下一個半天，好好整理房間，還給自己一個乾淨明亮的寧靜身心吧！

好生活練習——你最想從生活中的哪個角落，
開始進行你的斷捨離計畫呢？

宜再睡一下

Get more sleep.

睡覺就像是人類版本的重開機，
不管昨天過得再怎麼糟糕難受，
醒過來的每一天，
你都擁有一次重新開始的機會。

某次和公司同事聚會聊天中，很驚訝地發現有好幾個人都和我一樣容易失眠。回家查了一下資料後，更是讓我嚇歪，原來全世界至少每三個人就有一人為失眠所苦。

身體明明很累了，腦袋卻一直瘋狂運轉、停不下來，眼睛睜也不是，閉也不是，甚至本來躺到床上該全然放鬆休息，卻因為害怕失眠，而感受到無比的壓力。晚上睡不著、早上精神不好，靠著咖啡因撐過一天，卻又再次因此干擾夜晚睡眠，這樣日復一日的循環，實在非常痛苦。

• • •

我的失眠故事，可以從學生時代說

起。在高中考大學前，讀書壓力最大的那段時間，常常熬夜念書到兩三點。躺上床，眼前還是那些國英數物化的跑馬燈，外加想東想西，靜不下來。最慘、印象也最深刻的一次，則是在某次大考的前一天。為了怕睡眠不足，那天晚上還特別早早就躺上床，想不到因為比平常早太多，反而精神超好。當時家裡沒有裝冷氣，那個夏夜又是快下雨前那種不適的悶熱，我在涼蓆上移來移去，試圖找到冰涼的位置，無奈最後整張床被我滾到全是熱的。心裡想說沖個澡應該可以放鬆又涼爽，結果沖完以後，涼是涼了，但精神反而更好……

當下精神真的是只能用崩潰來形容。每一束窗外透進窗簾的路燈微光、每一部在馬路上呼嘯而過的車，所有的聲光效果都像在直接撥動神經。數羊、數數字、用各種節奏深呼吸，統統沒用。最後一次看時鐘，是清晨四點多，然後在似睡非睡的記憶中，七點被爸媽挖起來準備進考場，當天考試的結果，也是可想而知了。

直到後來進了大學，甚至出社會，失眠問題也依然和我形影不離。

• • •

失眠的原因很多，可能是壓力，可能是身體狀況，也可能是生活習慣，能夠從源頭消解，那是最理想的。但如果很困難的話，試試這些曾經在我身上有效的小妙招也不壞。

網路上你能查到的助眠招數，我大概全部都試過一輪了。維持每週運動兩到三次，消耗體力也促進新陳代謝，而且身體的活動會刺激大腦釋放多巴胺，來幫助身體放鬆；咖啡因在身體中停留的半衰期是四個小時，所以盡可能在睡前八個小時內不要接觸；維持固定的作息時間，也不要在床上玩手機，讓身體記得，進到臥室就是準備要休息；選擇健康且適量的飲食，偶爾吃些保健食品；如果躺在床上卻仍無睡意，那就不要硬睡，可以先起來，但不要開太亮的燈，接著把腦中紛紛擾擾的意念寫在筆記本上，用這種方式清空大腦；練習冥想和呼吸法也可能會有些幫助。

不過也請切記，如果真的還是因為睡眠而非常困擾，別害怕尋求醫師的幫忙。

•

其實人生中所有的問題，在你把睡眠調整好了以後，就自動解決了一半。睡飽了，精神和身體狀態都好，處理問題的效率高，解決問題的成功率也高。跨過難關、自信提高，心情和身體狀況都好，於是建立起正向的循環。反之，長期失眠之下，很可能會進入一個凡事越來越差的負面循環。要破除難解複雜的結，必須有開始改變的決心，然後一切才會慢慢變好。

講了這麼多，坦白說，在白天忙於工作，晚上還要創作的雙重壓力之下，還是很羨慕那些沾床即睡的好眠寶寶。

別把自己逼太緊了，所有的成功和成就，少了健康的身體和心靈，就什麼都不是。

所以，休假日整個人插在被窩中，小小賴一下床，或者多睡個一小時真的沒關係。在忙碌的日常裡，也別忘了偷空好好照顧自己的身體喔！

好生活練習——你的入睡小妙招是什麼呢？

宜有意義的一天

Have a meaningful day.

你現在的生活，是三年前的你所選擇；
而三年後的生活，則會由現在你所過的每一天，
星星點點地堆疊起。

人生最快樂的事情之一，是看見自己明確的成長。可是麻煩的是，成長的道路，並不總是能如我們所期望的清晰可見；甚至可以說，人生所有的煩惱，其實都源自於理想與現實之間的落差。

明明有無限美好的想像，卻不知道該怎麼達成，不明白為什麼現在的距離還那麼遠，甚至迷茫到連目標究竟是不是目標都搞不清楚了、不知道接下來工作上還會遇到什麼挑戰、不知道在愛情裡還會遇到什麼困難、不知道人生下一步到底該往哪裡走。

就像在一片未知的大陸上迷航著。

沒有終點，也沒有方向。

試著以終為始吧！

在日子過得迷迷茫茫的時候，想像自己到達終點的樣子。就像攤開地圖一樣，往往能替你吹散眼前迷霧、指出一條明路，就像是公司總要有個理想的願景存在，可以是扭轉教育方法，又或是用科技改變世界，先別管是否做得到，這些描繪出的美好將來，總是能讓人聽了熱血沸騰。

Where do you see yourself in the future?

（你覺得未來的自己會成為什麼樣子？）

這道題目不該只有在準備找工作面試時才來思考。或許我們每個人平常沒事都該記得把這個題目拿出來問問自己。

比如說工作。三年、五年、十年、二十年後，想要有一個什麼樣的職涯？是要繼續領薪水，在職場的長階上攀爬？還是要當自己的老闆，創業、做個自由工作者？是要繼續磨練現有的技能，還是換個領域累積專業，或者打算開始認真當個斜槓青年？

比如說愛情。三年、五年、十年、二十年後，你希望自己如何被愛呢？繼續獨身一人享受自由很不錯，踏入兩人世界也有它的樂趣所在，而你希望另一半是什麼樣子的人、會如何對待你呢？你希望怎麼經營這段感情？而你在愛情中，看起來又該是什麼模樣呢？

比如說生活。三年、五年、十年、二十年後，你想成為什麼樣的人？過什麼樣的生活？在世界的哪個角落生存？用什麼樣的方式度過每一天？為這個世界留下什麼？

• • •

人呢，其實是既脆弱又堅強的物種。有時候脆弱到一句話就足以把你打趴，失去求生意志，但有時候又堅強到單憑一個腦中的畫面，就能讓你重新站起來。而這個對未來藍圖的描繪，或許正是讓你脫離當下所有煩心，支撐你再奔跑個三天三夜的力量。

你需要也值得一個這樣的夢想，而且必須開始實踐這樣的夢想。

有了終點，你才會有動力規畫前進的方向。

如果現在還沒有太明確的答案也沒關係；如果十年、二十年後的還想不到，那就想五年、三年、一年，不然至少下個月、下禮拜、明天也好。

因為想吸收更多知識，所以影集和漫畫要少看一點；因為想有健康的身體，所以飲食要控制一下；因為想找到理想的伴侶，所以自己要先成為更好的人。從你開始思考的那一刻起，就已經成為和原本有所不同的一個人。

•

請好好記得自己已經很努力了，所以更要讓你每一分毫的努力都不會有被浪費的可能。

•

當你的目標明確，不只所踩的每一步都更加踏實，也會因此獲得堅不可摧的力量與勇氣，而夢想也會在意志力之下，成為現實。

正因為還沒發生，未來才讓人感到慌張，但同時也因為還沒發生，所以充滿了無限的可能。把握好每一天，讓你的每一步都算數。不然，至少做到不留遺憾吧！

有意識地做好人生決定，別讓生命白白進入不知道去哪的自動導航。人生只有一次，把它活成你最喜歡的樣子吧！

好生活練習——

試著在一成不變的每日作息中，
加入一件你覺得有意義的小事吧！

Eurasian Publishing Group
圓神出版事業機構
用心與你對話．視野無限寬廣
圓神出版社
Eurasian Press
www.booklife.com.tw
reader@mail.eurasian.com.tw

天際系列 015

宜日日好日

好日曆，陪伴你長成更好的大人

作　　者／好日曆
封面．內頁設計／毛毛雨設計
發 行 人／簡志忠
出 版 者／圓神出版社有限公司
地　　址／臺北市南京東路四段50號6樓之1
電　　話／（02）2579-6600．2579-8800．2570-3939
傳　　真／（02）2579-0338．2577-3220．2570-3636
副 社 長／陳秋月
主　　編／賴真真
專案企畫／沈蕙婷
責任編輯／歐玟秀
校　　對／歐玟秀．吳靜怡
美術編輯／金益健
行銷企畫／陳禹伶．林雅雯
印務統籌／劉鳳剛．高榮祥
監　　印／高榮祥
排　　版／莊寶鈴
經 銷 商／叩應股份有限公司
郵撥帳號／ 18707239
法律顧問／圓神出版事業機構法律顧問　蕭雄淋律師
印　　刷／祥峰印刷廠
2023年11月2日　初版

定價 520 元　　ISBN 978-986-133-901-6

請好好記得自己已經很努力了，所以更要讓你每一分毫的努力都不會有被浪費的可能。

——《宜日日好日：好日曆，陪伴你長成更好的大人》

國家圖書館出版品預行編目資料

宜日日好日：好日曆，陪伴你長成更好的大人 / 好日曆著. -- 初版. --
臺北市：圓神出版社有限公司, 2023.11
256面；14.8×20.8公分 --（天際系列；15）

ISBN 978-986-133-901-6（平裝）
1.CST：人生哲學　2.CST：自我實現

191.9　112015530

今天會是很棒的一天

有時候

我們希望成為的樣子

和做到的事情

就是無法如願

很高很高的溫

才能讓玉米開成

很多很多的練

才能讓愛情煉成

我們總是習慣，把自己擁有的東西視為理所當然，

等到你失去之後才會發現，

這個世界上沒有人該無條件地理解你、愛你，

等你明白這個道理，有時候也太晚了。

你不能選擇在這世

是否會受到傷

我喜歡我的選

希望他喜歡他

你是為著未知的明天發愁，

是為著已發生的昨天懊悔，

現在要做、且唯一能做的，

就是用力把今天給過好。

人生中的任何事，多少都會出點錯，

接受可能犯錯的自己，

失敗就只是相對於成功的另一種可預測

真遇上了再來處理就好。

我沒辦法選擇
是喜歡你的優點
喜歡你的缺點
根本沒有辦法選擇
喜不喜歡你

一個人必須有勇氣暫時停頓下來
細細咀嚼空虛和沮喪

為平凡又瑣碎的日子，
找尋一點不將就的熱情和詩意
生活中只要有任何的一點有趣，
就足以引領你繼續前進。

實現生命中美好事物的最強工具
是你偉大的信念；
然，還得加上你腳踏實地的努力。

愛一個人
你寧可自己淋了身
也要為他撐傘

既然現實是我們改變不了的
那我們不如改變一下看待現實的態度
總抱怨生活不完美的人
永遠也看不到生活之美

做不喜歡的事情也可能失敗
那不加冒險做自己喜歡的事吧

人生是不存在快轉鍵的
跑得太快只會讓你錯失更多畫
那些過程才是讓你長大的養分
慢慢吸收、穩穩成長吧！

幸運不會自己找上門
必須自己創造環境
才能創造幸運

值得記住的是
帶來最持久變化的
往往是小步驟
而不是巨大的飛躍

人生每件事
都是取捨的練習
你不能什麼都要
也不能什麼都不要

你決定要獲得成功
你要這種人生，
那這些選擇就都是必要

覺得音樂就像是一種情緒的特效藥。
白天你需要快樂的時候，
它可以帶給你快樂，
晚上你需要休息的時候，
它可以帶給你舒服放鬆的情緒。

事情在完成之前
看起來總像是不可能

有一天

一個欣賞你一切的人

的意思是說

球上有70億人

中一定有一個人

意為了你爬上月球

你應該找的是懂你的人，
而不是努力變成對方喜歡的樣子

愛情不是裝點生活的星光

而是出現在生活中的陪伴與付出

世界上的人何其多
卻只有一個你

在一起前，小心先入為主的假設
在一起後，多傾聽對方心裡的話。
別把自我價值強加在對方身上了，
輕輕鬆開扣住的弦，也溫柔的鬆開自

你該不會認為愛情
美好、心動、快樂、幸運之類的吧？
該還會帶來痛苦失望悲傷，
時，也會賜予你擊敗這些的力量，
這種程度，才能算是愛情吧。

人生中
你唯一需要取得勝利的那一
是和自己的競賽